가장쉬운
영어 발음기호
하루 한장의 기적

동양북스

저자 Samantha Kim

숭실대 영문과, 뉴욕주립대 TESOL 석사.
현재 학부모와 영어교사들을 대상으로 교수법을 강의하고 있으며,
경험과 이론을 바탕으로 다양한 ELT 교재를 집필 하고 있다.

저자 Anne Kim

한양대 교육학, 숙명여자대학교 TESOL 석사.
연령과 시기에 따라 필요한 영어교수법을 연구 중에 있으며,
그러한 노하우를 담아 집필활동과 강의를 하고 있다.

가장 쉬운 영어 발음기호 하루 한 장의 기적

초판 1쇄 발행 2019년 3월 20일 | **초판 9쇄 발행** 2023년 12월 1일 | **지은이** Samantha Kim·Anne Kim | **발행인** 김태웅 | **마케팅** 나재승 | **제작** 현대순
기획 편집 황준 | **디자인** 남은혜, 김지혜

발행처 (주)동양북스 | **등록** 제 2014-000055호 | **주소** 서울시 마포구 동교로22길 14 (04030)
구입문의 전화 (02)337-1737, 팩스 (02)334-6624 | **내용문의** 전화 (02)337-1763, dybooks2@gmail.com

ISBN 979-11-5768-493-9   63740

머리말

발음기호(IPA)가 무엇인가요?

발음기호(IPA)란 International Phonetic Alphabet의 약자로 국제적으로 약속한 음성 언어를 표시하는 기호를 말합니다. 우리말과 달리 영어는 표음문자이면서도 철자와 소리가 일치하지 않는 언어입니다. 이는 영어라는 언어가 여러 나라와 다양한 관계 속에서 성장했기 때문이기도 하지요.

왜 발음기호를 배워야 할까요?

영어 말하기의 가장 기본은 정확한 발음입니다. 그런데 영어 단어는 철자만 보고 제대로 읽을 수 없습니다. 그래서 영어 사전을 찾으면 뜻과 함께 이 국제음성기호인 발음기호가 함께 나오게 됩니다. 발음기호와 함께 소리를 학습하면 영어 단어의 정확한 발음과 함께 발음기호를 배우며 익힌 혀의 위치와 입술의 모양 등을 통해 어디에서 어떻게 소리가 나는지 알게 됩니다.

파닉스만으로 충분하지 않을까요?

파닉스는 읽기를 위한 학습방법으로 단어의 소리와 자주 나오는 철자 패턴을 연결해 학생들이 글을 읽을 수 있도록 도와주는 것입니다. 그러나 패턴만으로 모든 철자와 발음이 해결되지 않는 단점이 있습니다. 긴 단어나 예외적인 철자가 나오면 파닉스 지식만으로 정확한 발음을 할 수 없습니다. 그래서 발음기호를 함께 배워야 합니다.

언제, 어떻게 연습해야 할까요?

파닉스를 마치고, 단어의 소리와 철자 패턴을 학습한 이후 더 어려운 단어의 발음을 정확히 알기 위해 학습하면 좋습니다. 먼저 44개의 국제음성기호를 익히고 나서 짧은 단어부터 긴 단어 읽기까지 단계적으로 연습합니다. 다양한 단어를 통해 발음기호를 반복해서 연습하는 것이 중요합니다.

왜 하루 한 장의 기적일까요?

매일 매일, 발음 기호를 한 개에서 두 개씩 천천히 반복하여 익혀 보세요. 원어민의 녹음을 들으며 내가 읽은 발음기호가 정확한지 확인하다 보면 혼자서도 사전에 나온 발음기호만을 읽고 원어민처럼 발음할 수 있습니다.

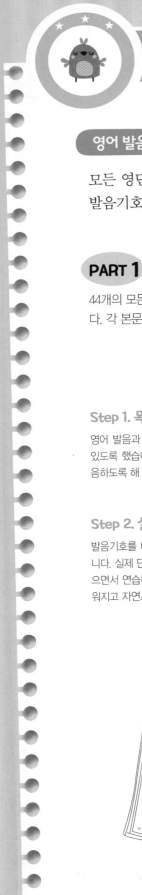

이 책의 구성 및 활용법

영어 발음기호를 이 책 한 권으로!!

모든 영단어를 읽을 수 있는 발음기호 44개와 발음의 고수가 되는 팁까지 담았습니다.
발음기호를 다양한 연습문제를 통해 쉽게 익힐 수 있습니다.

PART 1 영어 발음 기호 44개 익히기

44개의 모든 발음기호의 발음법을 배우고 연습해 봅니다. 각 본문은 다음과 같은 순서로 구성되어 있습니다.

Step 1. 목표 음가 배우기

영어 발음과 가장 가까운 한글 발음을 제시하여 쉽게 읽을 수 있도록 했습니다. 발음하는 방법을 읽고 최대한 영어식으로 발음하도록 해 보세요.

Step 2. 실전 연습하기

발음기호를 배우는 목적은 영어 단어를 제대로 읽기 위한 것입니다. 실제 단어 속에서 어떻게 발음기호가 읽히는지 따라서 읽으면서 연습해 보세요. 여러 번 읽다 보면 점점 영어 발음이 쉬워지고 자연스러워지는 것을 느낄 수 있습니다.

Step 3. 빈칸 채우면서 연습하기

단어의 발음기호가 입과 눈에 익숙해졌다면 이제는 목표 발음기호를 쓰면서 복습해 봅니다.

Review

발음기호를 배우고 나면 한꺼번에 단계별 문제를 통해 연습해봅니다. 발음기호와 단어 속에서 발음을 확인하는 문제 등을 풀어보면서 해당 발음기호의 음가를 확실히 익힙니다. 다양한 연습문제를 통해 반복하기 때문에 쉽게 익힐 수 있습니다.

PART 2 발음기호 실전 연습

파트 2에서는 파트 1에서 배운 발음기호를 다양한 단어들을 통해 실전 연습합니다. 제시된 단어를 발음기호만 보고 읽고 듣고 따라 해 봅니다. 한글 발음을 보기 전에 발음기호만으로 읽어 보세요. 그리고 음원을 듣고 자신이 읽은 발음과 비교하면서 연습합니다. 모두 4개 유형의 문제를 통해 지루하지 않게 발음기호를 익힐 수 있습니다.

Challenge

다음 유닛으로 넘어가기 전에 조금 긴 단어로 구성된 챌린지 단어를 읽어보세요. 가능하면 한글 발음을 보지 말고 먼저 스스로 읽어보세요.

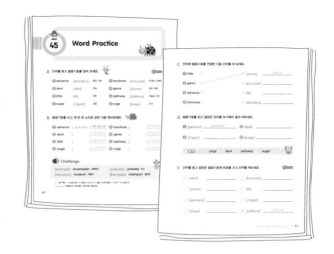

PART 3 문장 실전 연습

파트 3에서는 그동안 익힌 발음기호를 문장 속에서 연습해 봅니다. 동시, 이솝우화 등 흥미로운 스토리와 삽화로 학습의 흥미를 높였습니다.

Learn More! 발음 고수되기

발음기호를 충분히 익혔다면 이제 발음기호만 보고 영어 단어를 읽을 수 있습니다. 하지만 이것만으로 영어를 듣고 말하기에 충분치 않습니다. 영어는 강세나 음절을 지켜 발음해야 합니다. 또, 철자와 발음이 일치하지 않을 때고 있고, 자음이 여러 개 겹쳐서 나올 수도 있습니다. 영어 발음을 더 잘 이해하기 위한 유용한 팁들을 통해 영어 발음을 한 단계 더 발전시켜 보세요.

목차

Part 2 발음기호를 연습해요!

Part 3 문장을 연습해요!

발음기호 차트

◆ 모음   단모음(짧게 내는 소리) | 장모음(길게 내는 소리) | 이중모음 (두 개의 모음이 연이어 나는 소리)

[a 아]　　　[aː 아-]　　　[ei 에이]

[e 에]　　　[əː 어-]　　　[ɛə 에어]

[i 이]　　　[iː 이-]　　　[ou 오우]

[ʌ 어]　　　[ɔː 어-]　　　[ɔi 어이]

[æ 애]　　　[uː 우-]　　　[iə 이어]

[ə 어]　　　[ai 아이]　　　[uə 우어]

[u 우]　　　[au 아우]

◆ **모음이 소리나는 위치**

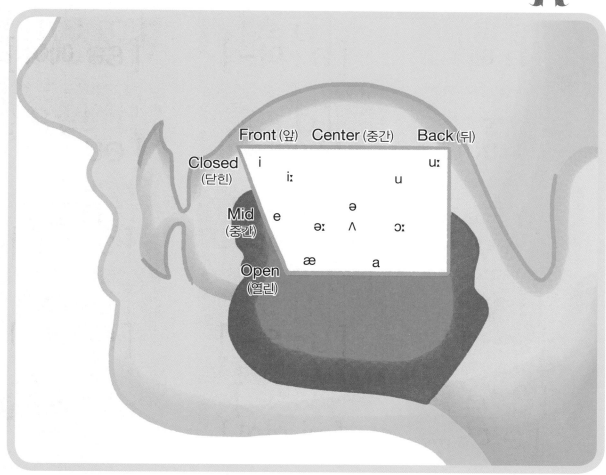

발음기호 차트

◆ **자음**

[p 프]　[h 흐]　[ʒ 쥐]

[t 트]　[b 브]　[m 므/음]

[ʧ 취]　[d 드]　[n 느/은]

[k 크]　[dʒ 쥐]　[ŋ 응]

[f *프]　[g 그]　[l ㄹ/을]

[θ *쓰]　[v *브]　[r 뤄]

[s 스]　[ð *드]　[w 워]

[ʃ 쉬]　[z 즈]　[j 이]

[참고] * [f]와 [v]는 윗니로 아랫입술 안쪽을 살짝 누른 상태에서 발음합니다.
　　　 * [θ]와 [ð]는 혀끝을 윗니와 아랫니 사이로 살짝 내밀고 발음합니다.

10

◆ 자음이 소리나는 위치

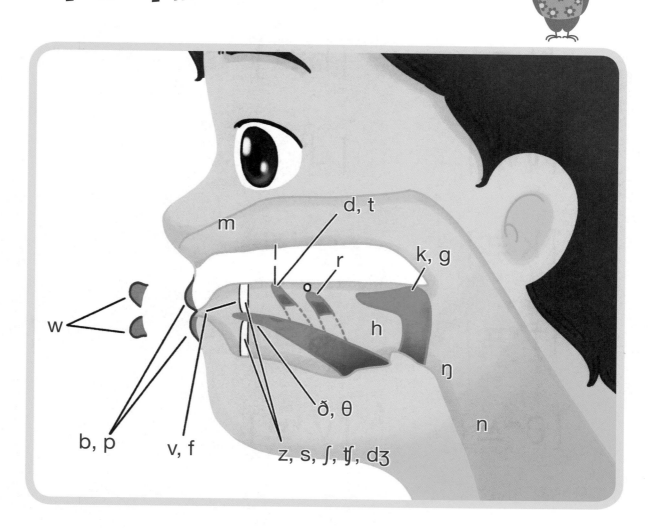

Part

01

발음기호를
배워요!

UNIT 01

[a]아

우리말의 /아/처럼 발음합니다.

턱을 약간 내리고 입 꼬리를 양쪽으로 올린 다음 혀를 낮게 내리고 숨을 내뱉듯이 발음합니다. 이때 짧고 약하게 성대를 울리며 소리내세요.

● 단어를 듣고 발음기호를 보면서 따라 읽어보세요. MP3 01

[hat] 핱
hot 뜨거운

[rak] 락
rock 바위

[hap] 핲
hop 뛰다

[mam] 맘
mom 엄마

[tap] 탚
top 꼭대기

[pap] 팦
pop 펑 (하고 터지는 소리)

● 단어를 읽고, 빠진 발음기호를 써보세요.

hot → [h__t] | mom → [m__m] | pop → [p__p] | hop → [h__p]

UNIT 02

[e] 에

우리말의 /에/처럼 발음합니다.

웃는 입 모양을 하면서 발음하되 입을 옆으로 힘주어 당기기보다는 턱을 살짝 아래쪽으로 내려주면서 편안하게 발음합니다.

● 단어를 듣고 발음기호를 보면서 따라 읽어보세요. MP3 02

[pet] 펱
pet 애완동물

[red] 레ᄃ
red 빨강

[hen] 헨
hen 암탉

[ten] 텐
ten 열

[web] 웹
web 거미줄

[eg] 에ㄱ
egg 달걀

● 단어를 읽고, 빠진 발음기호를 써보세요.

pet → [p__t] | egg → [__g] | hen → [h__n] | ten → [t__n]

[참고] red[레ᄃ]의 ᄃ같이 위첨자로 표시된 작은 글자는 빠르게 약하게 발음해 주세요.

[i] 이

우리말의 /이/로 발음합니다.
우리말의 '이'보다는 턱을 약간 아래쪽으로 내리면서 소리
를 냅니다. /이/를 소리 낼 때의 입 모양을 하고 '에' 소리
를 내면 정확한 발음을 할 수 있습니다.

● 단어를 듣고 발음기호를 보면서 따라 읽어보세요. 🎧 MP3 03

[kid] 키ᄃ
kid 아이

[bil] 빌
bill 계산서

[pin] 핀
pin 압정

[iŋk] 잉ㅋ
ink 잉크

[hit] 힡
hit 치다

[fin] *핀
fin 지느러미

● 단어를 읽고, 빠진 발음기호를 써보세요.

pin → [p__n] | bill → [b__l] | hit → [h__t] | fin → [f__n]

[ʌ]어

우리말의 /어/로 발음합니다.
'으'와 '어'의 중간처럼 소리를 내야 합니다. 입 모양은 우리말의 '으' 발음을 하는 것처럼 하고 그 상태에서 아래턱을 아래로 내려 '어' 소리를 짧게 내 보세요.

● 단어를 듣고 발음기호를 보면서 따라 읽어보세요. 🎧 MP3 04

[sʌn] 썬

sun 태양

[dʌk] 덕

duck 오리

[ʌp] 엎

up 위

[gʌm] 검

gum 껌

[kʌt] 컽

cut 자르다

[bʌs] 버스

bus 버스

● 단어를 읽고, 빠진 발음기호를 써보세요.

sun → [s__n] | cut → [k__t] | duck → [d__k] | gum → [g__m]

A 발음기호에 알맞은 한글 발음을 연결해 보세요.

❶ [a] •

❷ [e] •

❸ [i] •

❹ [ʌ] •

• 에

• 이

• 어

• 아

B 발음기호를 보고 한글 발음을 써 보세요.

❶ [e] ➡ (   )   ❷ [a] ➡ (   )

❸ [ʌ] ➡ (   )   ❹ [i] ➡ (   )

C 맞는 발음기호를 보기에서 골라 써 보세요.

❶ b<u>e</u>d ➡ [b___d]   ❷ r<u>o</u>ck ➡ [r___k]

❸ h<u>i</u>t ➡ [h___t]   ❹ c<u>u</u>t ➡ [c___t]

보기   [a]   [e]   [i]   [ʌ]

D 발음기호를 읽고 단어를 완성해 보세요.

❶ [kid] ➡ k___d   ❷ [dʌk] ➡ d___ck

❸ [ten] ➡ t___n   ❹ [tap] ➡ t___p

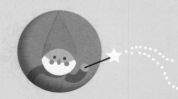

영어의 음절 (syllables)

◆ 음절이란?

자음과 모음이 결합해서, 또는 모음만으로 만드는 하나의 소리 덩어리를 말해요. 우리말은 글자 하나가 음절이라 구분하기 어렵지 않지만 영어는 알파벳을 나열해서 만들기 때문에 구분하기 쉽지 않아요. 또한 음절을 구분하는 방법이 우리나라와 다르니 주의하세요.

Ex 한글: 할―아―버―지(4음절 단어),

영어 grandfather [grǽnd-fàː-ðər] 그랜ᵈ*파더ʳ(3음절 단어)

◆ 음절과 모음의 관계

영어의 음절은 모음을 기본으로 나누어집니다. 알파벳에서 모음은 a, e, i, o, u 의 5개가 있어요. 하지만 글자로 나타나는 모음과 입으로 소리를 낼 때의 모음은 조금 다릅니다. 예를 들어, w나 y는 글자로는 자음이지만 발음할 때는 모음 소리가 나기도 합니다.

Ex sorry [sári] 싸리

음절의 개수는 소리가 나는 모음의 개수와 같습니다. 하지만 한글의 체계와 영어의 음절 체계는 차이가 있습니다. 예를 들어, milk는 한글로 적으면 [밀크]로 2음절이지만 영어로는 1음절 단어 [밀ᵏ]입니다. 또한 영어에는 '이중모음'이라고 해서 모음 소리 두개가 연달아 나오는 경우가 있는데 이때 음절로는 1음절이 됩니다. 만약에 음절을 지켜서 발음하지 않으면 원어민이 여러분의 말을 못 알아들을 수도 있으니 잘 익혀두세요.

◆ 음절 개수 세는 법

영어의 모음 소리의 개수를 기준으로 나누면 됩니다. 이때 우리말로 해서 '으' 소리가 나는 것은 보통 모음으로 치지 않으니 음절개수에서 제외합니다. 예를 들어, 'spider'는 우리말로 적으면 '스파이더'의 4음절이지만, 영어에서는 '스'를 빼고 '파이' 와 '더'에 있는 모음만 쳐서 2음절 단어가 됩니다.

Ex 1음절 단어: stay 스테이, ant 앤ᵗ, school 스쿨, chair 췌어

2음절 단어: mon-key 멍키, fun-ny *퍼니, pen-cil 펜슬

3음절 단어: Ca-na-da 캐나다, beau-ti-ful 뷰티*플, cam-e-ra 캐머라

UNIT 05

[æ] 애

우리말의 /애/로 발음합니다.

보조개가 생길 만큼 입 꼬리를 좌우로 힘껏 벌린 다음. 턱을 아래로 약간 내려 소리를 내뱉듯이 '애'를 세게 발음합니다.

● 단어를 듣고 발음기호를 보면서 따라 읽어보세요. MP3 05

[hæt] 햍
hat 모자

[mæp] 맾
map 지도

[sæd] 새ᄃ
sad 슬픈

[æpl] 애플
apple 사과

[bænd] 밴ᄃ
band 밴드

[ænt] 앤ᄐ
ant 개미

● 단어를 읽고, 빠진 발음기호를 써보세요.

ant → [__nt] | sad → [s__d] | map → [m__p] | apple → [__pl]

[ə] 어

우리말의 /어/로 발음합니다.
우리말의 '어' 처럼 발음하되 힘을 빼고 약하게 소리를 냅니다. 강세를 받지 않는 발음으로 거의 들리지 않게 약하게 발음해야 합니다.

● 단어를 듣고 발음기호를 보면서 따라 읽어보세요. MP3_06

[píːtsə] 핏–쩌
pizza 피자

[sóufə] 소우*퍼
sofa 소파

[əlάːrm] 얼라–암
alarm 경보(음)

[əlóun] 얼로운
alone 혼자

[mʌðər] 마*더ᄅ
mother 엄마

[kǽrət] 캐럴
carrot 당근

● 단어를 읽고, 빠진 발음기호를 써보세요.

sofa → [sóuf__] | alone → [__lóun] | pizza → [píːts__] | carrot → [kǽr__t]

UNIT 07

[u]우

우리말의 /우/로 발음합니다.
우리말의 '우'와 '으'의 중간음으로 '우' 입 모양을 하고 '으' 소리를 내면 됩니다. '우' 보다는 혀를 조금 더 내리고 짧고 가볍게 소리를 발음합니다.

● 단어를 듣고 발음기호를 보면서 따라 읽어보세요.  MP3 07

[buk] 북
book 책

[kuk] 쿡
cook 요리하다, 요리사

[ful] *풀
full 가득찬

[wulf] 울*ㅍ
wolf 늑대

[puʃ] 푸쉬
push 밀다

[luk] 룩
look 보다

● 단어를 읽고, 빠진 발음기호를 써보세요.

wolf → [w_lf] | look → [l__k] | cook → [k__k] | book → [b__k]

[참고] 단모음 [u]는 '우'와 '으'의 중간 발음이 납니다. '으' 발음에 가까울 때는 [ʊ]로 표시합니다.

22

A 발음기호에 알맞은 한글 발음을 연결해 보세요.

1 [æ] ·

2 [ə] ·

3 [u] ·

· 어

· 우

· 애

B 발음기호를 보고 한글 발음을 써 보세요.

1 [æ] → (   )

2 [ə] → (   )

3 [u] → (   )

C 맞는 발음기호를 보기에서 골라 써 보세요.

1 sad → [s___d]

2 carrot → [kǽr___t]

3 full → [f___ll]

4 ago → [___go]

| 보기 | [æ] | [ə] | [u] |

D 발음기호를 읽고 단어를 완성해 보세요.

1 [sóufə] → sof____

2 [wulf] → w____lf

3 [ænt] → ____nt

4 [buk] → b____k

[aː] 아ー

우리말의 /아ー/로 **발음합니다.**

우리말의 '아'를 길게 발음하되 입을 크게 벌려 소리를 냅니다. 혀를 뒤쪽으로 당기듯이 한 다음 우리말보다는 입을 좀 더 벌리며 발음합니다. 주로 r과 함께 나옵니다.

● 단어를 듣고 발음기호를 보면서 따라 읽어보세요. MP3 08

[kaːm] 카ー口
calm 고요한, 차분한

[maːrz] 마ーㅈ
Mars 화성

[paːrk] 파ーㄹ크
park 공원

[laːrdʒ] 라ーㄹ쥐
large 큰

[maːrtʃ] 마ーㄹ취
March 3월

[skaːrf] 스카ーㄹ*프
scarf 목도리

● 단어를 읽고, 빠진 발음기호를 써보세요.

large → [l__rdʒ] | Mars → [M__rz] | park → [p__rk] | scarf → [sk__rf]

[əː] 어-

우리말의 /어-/로 발음합니다.

보통 장음으로 발음 될 때는 r과 함께 나옵니다. '어'를 약하게 발음하면서 뒤에 r발음을 연결해 '어얼'이라고 소리를 냅니다. 이때 '어'는 아주 약하고 짧게 하고 '얼'을 강하게 발음합니다.

● 단어를 듣고 발음기호를 보면서 따라 읽어보세요. 🎧 MP3 09

[təːrn] 터-ㄹ언
turn 돌다

[ləːrn] 러-ㄹ언
learn 배우다

[həːrt] 허-ㄹ트
hurt 다치다

[pəːrs] 퍼-ㄹ스
purse 지갑

[dəːrti] 더-ㄹ티
dirty 더러운

[təːrtl] 터-ㄹ틀
turtle 거북이

● 단어를 읽고, 빠진 발음기호를 써보세요.

hurt → [h__rt] | learn → [l__rn] | dirty → [d__rti] | turlte → [t__rtl]

UNIT 10

[iː] 이–

우리말의 /이–/로 발음합니다.

우리말의 '이'를 길게 늘려서 마치 '이이'처럼 발음합니다. 이 때 두 개의 소리를 자연스럽게 연결하듯이 발음합니다. 입 꼬리를 양 옆으로 벌리고 입이 거의 닫혀진 상태에서 소리를 냅니다.

● 단어를 듣고 발음기호를 보면서 따라 읽어보세요. 🎧 MP3 10

[biːʧ] 비–취
beach 해변가

[iːt] 이–트
eat 먹다

[miːt] 미–트
meat 고기

[ʃiːp] 쉬–ㅍ
sheep 양

[siːt] 씨–트
seat 자리

[kiː] 키–
key 열쇠

● 단어를 읽고, 빠진 발음기호를 써보세요.

seat → [s__t] | meat → [m__t] | sheep → [ʃ__p] | key → [k__]

26

A 발음기호에 알맞은 한글 발음을 연결해 보세요.

1 [aː] ·

2 [əː] ·

3 [iː] ·

· 이–

· 어–

· 아–

B 발음기호를 보고 한글 발음을 써 보세요.

1 [aː] ➜ (   )   **2** [əː] ➜ (   )

3 [iː] ➜ (   )

C 맞는 발음기호를 보기에서 골라 써 보세요.

1 Mars ➜ [m____rz]   **2** sheep ➜ [ʃ____p]

3 hurt ➜ [h____rt]   **4** scarf ➜ [sk____rp]

보기   [aː]   [əː]   [iː]

D 발음기호를 읽고 단어를 완성해 보세요.

1 [siːt] ➜ s____t   **2** [təːrtl] ➜ t____rtle

3 [laːrdʒ] ➜ l____rge   **4** [pəːrs] ➜ p____rse

[ɔː]어–

우리말의 /어–/로 발음합니다.

우리말의 '어'와 비슷하지만 입을 약간 더 크게 버리고 '어'와 '아'의 중간 소리를 강하게 내뱉듯이 냅니다. 강세를 받으면 우리말의 '아'에 가깝게 들리니 주의하세요.

● 단어를 듣고 발음기호를 보면서 따라 읽어보세요. 🎧 MP3 11

[sɔː] 써–
saw 톱

[drɔː] 드러–
draw 그리다

[kɔːf] 커–*ㅍ
cough 기침

[dɔːg] 더–ㄱ
dog 개

[sɔːs] 써–ㅅ
sauce 소스

[tɔːk] 터–ㅋ
talk 말하다

● 단어를 읽고, 빠진 발음기호를 써보세요.

sauce → [s_s] | saw → [s__] | draw → [dr__] | talk → [t__k]

UNIT 12

[uː] 우-

우리말의 /우-/로 발음합니다.

우리말보다 입술을 더 오무린 다음 '우우'처럼 발음하되 끊지말고 자연스럽게 길게 늘여서 소리를 냅니다. 우리말의 '우우'보다는 혀를 더 뒤로 밀어서 긴장하여 발음해야 합니다.

● 단어를 듣고 발음기호를 보면서 따라 읽어보세요. MP3 12

[muːn] 무-ㄴ
moon 달

[puːl] 푸-ㄹ
pool 수영장

[gruːp] 그루-ㅍ
group 무리

[kjuːb] 키유-ㅂ
cube 정육면체

[fluːt] *플루-ㅌ
flute 플룻

[dʒuːn] 주-ㄴ
June 6월

● 단어를 읽고, 빠진 발음기호를 써보세요.

group → [gr__p] | cube → [kj__b] | moon → [m__n] | pool → [p__l]

[ɔː] [uː]

A 발음기호에 알맞은 한글 발음을 연결해 보세요.

❶ [ɔː]   ·   · 우-

❷ [uː]   ·   · 어-

B 발음기호를 보고 한글 발음을 써 보세요.

❶ [ɔː] → (   )   ❷ [uː] → (   )

C 맞는 발음기호를 보기에서 골라 써 보세요.

❶ dog → [d____g]   ❷ flute → [fl____t]

❸ cube → [kj____b]   ❹ talk → [t____k]

❺ saw → [s____w]   ❻ group → [gr____p]

보 기   [ɔː]   [uː]

D 발음기호를 읽고 단어를 완성해 보세요.

❶ [sɔːs] → s____ce   ❷ [puːl] → p____l

❸ [dʒuːn] → J____ne   ❹ [drɔː] → dr____

❺ [kɔːf] → c____gh   ❻ [muːn] → m____n

30

영어의 강세 (stress)

◆ 강세란?

우리말은 단어를 읽을 때 각각의 음절을 또박또박 읽어야 하지만 영어에서는 한 단어인데 음절이 두개 이상이면 강하게 읽어야 하는 부분과 약하게 읽어야 하는 부분이 생겨요. 바로 이것을 강세(stress)라고 하는데 강세 때문에 영어를 읽을 때 리듬이 생깁니다.

강세를 지켜서 제대로 읽는 것은 발음을 정확하게 하는 것 만큼 중요해요. 강세를 지켜서 읽지 않으면 원어민이 여러분의 영어를 알아들 수 없기 때문입니다. 예를 들어, notebook (공책)은 '노울북'[noutbʊk]으로 앞에 있는 음절을 더 세게 읽고 뒤의 음절은 짧고 약하게 발음합니다.

Ex garage [ɡərάːdʒ] 거라—쥐

◆ 음절과 강세를 알아야 진짜 발음 고수!

강세가 어디에 들어가는지 알려면 먼저 음절을 제대로 구분할 수 있어야 해요. 음절은 모음 소리를 기준으로 나누어진다고 배웠어요. 한 단어에서 모음 소리가 4개 이상 들어간 단어인 caterpillar는 [kǽtərpìlər] 는 4음절 단어(ca-ter-pil-lar)로 강세는 첫번째 음절에 들어갑니다. 음절이 여러 개여도 세게 읽어야 하는 강세는 단어에서 한번만 들어간다는 것을 기억해 두세요. 음절과 강세만 제대로 지켜 읽어도 원어민과 문제 없이 소통할 수 있습니다.

◆ 강세와 단어의 의미

영어에서는 발음 만큼이나 강세를 정확히 지켜서 읽는 것이 중요합니다. 어떤 단어들은 강세가 어디 있느냐에 따라서 단어의 품사와 의미가 달라지기도 합니다. 앞으로는 단어의 발음 기호를 읽을 때 발음 뿐만 아니라 강세도 지켜서 읽어 주세요.

Ex record [rékɔːrd] 레코ㄹ드 · 기록 / record [rikɔ́ːrd] 리코ㄹ드 · 기록하다
export [ékspɔːrt] 엑스퍼ㄹ트 · 수출 / export [ikspɔ́ːrt] 익스퍼ㄹ트 · 수출하다

UNIT 13

[ai] 아이

우리말의 /아이/로 발음합니다.
우리말의 '아이'를 끊어서 발음하지 않고 부드럽게 이어서 발음합니다. 이때 두번째 '이'를 약하고 짧게 소리를 냅니다.

● 단어를 듣고 발음기호를 보면서 따라 읽어보세요. MP3 13

[bai] 바이
buy 사다

[fait] *파이트
fight 싸우다

[naif] 나이*ㅍ
knife 칼

[hwait] 화이트
white 흰색

[pai] 파이
pie 파이

[ais] 아이ㅅ
ice 얼음

● 단어를 읽고, 빠진 발음기호를 써보세요.

ice → [__s] | knife → [n__f] | buy → [b__] | pie → [p__]

32

UNIT 14

[au] 아우

우리말의 /아우/로 발음합니다.
우리말의 '아우'를 끊어서 발음하지 않고
부드럽게 이어서 발음합니다. 이때 두번
째 '우'를 약하고 짧게 소리를 냅니다.

● 단어를 듣고 발음기호를 보면서 따라 읽어보세요. MP3 14

[braun] 브라운
brown 갈색

[klaud] 클라우ㄷ
cloud 구름

[daun] 다운
down 아래

[ʃaut] 샤우ㅌ
shout 소리치다

[bauns] 바운ㅅ
bounce 튀기다

[aul] 아울
owl 올빼미

● 단어를 읽고, 빠진 발음기호를 써보세요.

cloud → [kl__d] | down → [d__n] | brown → [br__n] | owl → [__l]

[ei] 에이

우리말의 /에이/로 발음합니다.
우리말의 '에이'를 부드럽게 연결하듯 소리
냅니다. 앞소리인 '에'를 입을 아래로 벌려
발음한 다음 두번째 음인 '이'를 가볍게 앞 소
리에 붙이듯이 발음합니다.

● 단어를 듣고 발음기호를 보면서 따라 읽어보세요. MP3 15

[teil] 테일
tail 꼬리

[rein] 뢰인
rain 비, 비가 오다

[klei] 클레이
clay 진흙

[weit] 웨이트
weight 무게

[leik] 레이크
lake 호수

[teist] 테이스트
taste 맛, 맛보다

● 단어를 읽고, 빠진 발음기호를 써보세요.

lake → [l__k] | taste → [t__st] | rain → [r__n] | clay → [kl__]

UNIT 16

[ɛə] 에어

우리말의 /에어/로 발음합니다.
우리말의 '에어'처럼 발음하되 앞소리인 '에'를 우리말보다 입을 아래로 더 벌리고 '애'와 비슷하게 발음합니다. 보통 'ɛə'는 'r' 발음과 함께 나옵니다.

● 단어를 듣고 발음기호를 보면서 따라 읽어보세요. 🎧 MP3 16

[wɛər] 웨어ㄹ
wear 입다

[ʧɛər] 체어ㄹ
chair 의자

[fɛər] *페어ㄹ
fare 요금

[bɛər] 베어ㄹ
bear 곰

[ʃɛər] 쉐어ㄹ
share 나누다

[ðɛ́ər] *데어ㄹ
there 거기

● 단어를 읽고, 빠진 발음기호를 써보세요.

fare → [f__r] | bear → [b__r] | there → [ð__r] | wear → [w__r]

[ou] 오우

우리말의 /오우/로 발음합니다.

우리말의 '오우'를 부드럽게 연결하여 발음합니다. 다만 우리말보다 '오'를 길게 늘이면서 발음하고 뒤에 '우'는 가볍게 붙이듯이 소리 냅니다.

● 단어를 듣고 발음기호를 보면서 따라 읽어보세요. 🎧 MP3 17

[tou] 토우
toe 발가락

[gout] 고우ㅌ
goat 염소

[boul] 보울
bowl 그릇

[gould] 고울ㄷ
gold 금

[boun] 보운
bone 뼈다귀

[slou] 슬로우
slow 느린

● 단어를 읽고, 빠진 발음기호를 써보세요.

bowl → [b__l] | gold → [g__ld] | toe → [t__] | bone → [b__n]

Review 05 [ai] [au] [ei] [ɛə] [ou]

A 발음기호에 알맞은 한글 발음을 연결해 보세요.

① [ai] ·

② [au] ·

③ [ei] ·

④ [ɛə] ·

⑤ [ou] ·

· 에이

· 아이

· 에어

· 오우

· 아우

B 발음기호를 보고 한글 발음을 써 보세요.

① [ei] → (   ) ② [ai] → (   ) ③ [ɛə] → (   )

④ [au] → (   ) ⑤ [ou] → (   )

C 맞는 발음기호를 보기에서 골라 써 보세요.

① br<u>o</u>wn → [br___n] ② <u>i</u>ce → [___s] ③ w<u>ea</u>r → [w___r]

④ l<u>a</u>ke → [l___k] ⑤ g<u>o</u>ld → [g___ld]

| 보기 | [ai] | [aʊ] | [ei] | [ɛə] | [ou] |

D 발음기호를 읽고 단어를 완성해 보세요.

① [boun] → b___ne ② [bɛ́ər] → b___r ③ [rein] → r___n

④ [bauns] → b___nce ⑤ [naif] → kn___fe

UNIT 18

[ɔi] 어이

우리말의 /어이/로 발음합니다.

우리말의 '오'의 입술모양을 하고 '어'소리를 내서 시작합니다. 그리고 뒤에 '이'소리를 가볍게 붙이듯이 발음합니다.

● 단어를 듣고 발음기호를 보면서 따라 읽어보세요. MP3 18

[bɔi] 버이
boy 소년

[bɔil] 버일
boil 끓이다

[nɔiz] 너이ㅈ
noise 소음

[sɔi] 써이
soy 콩

[kɔin] 커인
coin 동전

[tɔi] 터이
toy 장난감

● 단어를 읽고, 빠진 발음기호를 써보세요.

noise → [n__z] | coin → [k__n] | toy → [t__] | boy → [b__]

38

[iə] 이어

우리말의 /이어/로 발음합니다.
우리말의 '이어'처럼 발음하되 앞소리인 '이'를 길게 발음합니다. 뒷소리인 '어'는 짧게 붙입니다. 보통 'iə'는 'r' 발음과 함께 나옵니다.

● 단어를 듣고 발음기호를 보면서 따라 읽어보세요. MP3 19

[spiər] 스피어ㄹ
spear 창

[hiər] 히어ㄹ
hear 듣다

[biərd] 비어ㄹ드
beard 턱수염

[hiər] 히어ㄹ
here 여기

[fiər] *피어ㄹ
fear 두려움

[jiər] 이어ㄹ
year 해, 년

● 단어를 읽고, 빠진 발음기호를 써보세요.

year → [j__r] | here → [h__r] | beard → [b__rd] | fear → [f__r]

[uə] 우어

우리말의 /우어/로 발음합니다.

우리말의 '우어'처럼 발음하되 앞소리인 '우'를 길게 발음하고 뒤에 '어' 소리를 부드럽게 붙이듯이 소리를 냅니다. 보통 'uə'는 'r' 발음과 함께 나옵니다.

● 단어를 듣고 발음기호를 보면서 따라 읽어보세요. 🎧 MP3 20

[kjuər] 퀴우어ㄹ
cure 치료

[pjuər] 피우어ㄹ
pure 순수한

[auər] 아우어ㄹ
hour 시간

[puər] 푸어ㄹ
poor 가난한

[auər] 아우어ㄹ
our 우리의

[sauər] 싸우어ㄹ
sour 신

● 단어를 읽고, 빠진 발음기호를 써보세요.

pure → [pj__r] | poor → [p__r] | cure → [kj__r] | sour → [sa__r]

40

A 발음기호에 알맞은 한글 발음을 연결해 보세요.

1 [ɔi] ·

2 [iə] ·

3 [uə] ·

· 이어

· 우어

· 어이

B 발음기호를 보고 한글 발음을 써 보세요.

1 [iə] → (   )

2 [ɔi] → (   )

3 [uə] → (   )

C 맞는 발음기호를 보기에서 골라 써 보세요.

1 b<u>ea</u>rd → [b____rd]

2 b<u>o</u>il → [b____l]

3 f<u>ea</u>r → [f____r]

4 c<u>u</u>re → [kj____r]

보기   [ɔi]   [iə]   [uə]

D 발음기호를 읽고 단어를 완성해 보세요.

1 [hiər] → h____r

2 [sɔi] → s____

3 [auər] → h____r

4 [puər] → p____r

[p] 프

우리말의 /프/처럼 발음합니다.
입술을 붙였다가 떨어뜨리면서 소리를 내며 공기를 밖으로 내보내듯이 '프' 소리를 냅니다. 이때 성대가 떨리지 않게 무성음으로 발음합니다.

● 단어를 듣고 발음기호를 보면서 따라 읽어보세요. 🎧 MP3 21

[prins] 프린ㅅ
prince 왕자

[eip] 에이ᵖ
ape 원숭이

[læmp] 램ᵖ
lamp 램프

[pɔːrk] 포ー르크
pork 돼지고기

[map] 맢
mop 대걸레

[suːp] 수ーᵖ
soup 수프

● 단어를 읽고, 빠진 발음기호를 써보세요.

lamp → [læm__] | ape → [ei__] | pork → [__ɔːrk] | mop → [ma__]

[t] 트

우리말의 /트/처럼 발음합니다.
입술을 가볍게 벌리고 혀를 입천장의 앞부분에 대면서 '트' 소리를 냅니다. 이때 성대가 울리지 않게 발음합니다.

● 단어를 듣고 발음기호를 보면서 따라 읽어보세요. MP3 22

[taim] 타임
time 시간

[kæt] 캩
cat 고양이

[peint] 페인트
paint 물감

[pat] 팥
pot 냄비

[teibl] 테이블
table 탁자

[tɔːl] 터-ㄹ
tall 키가 큰

● 단어를 읽고, 빠진 발음기호를 써보세요.

pot → [pa___] | tall → [___ɔːl] | time → [___aim] | paint → [pein___]

[tʃ] 취

우리말의 /취/처럼 발음합니다.
입술을 동그랗게 오므리고 혀끝을 윗니 바로 뒤의 잇몸에
빠르게 댓다가 떨어뜨리면서 /취/라고 해보세요.

● 단어를 듣고 발음기호를 보면서 따라 읽어보세요. 🎧 MP3 23

[tʃek] 췌ㅋ
check 확인

[tʃeindʒ] 췌인쥐
change 변화

[tʃiːz] 취–즈
cheese 치즈

[bentʃ] 벤취
bench 벤치

[lʌntʃ] 런취
lunch 점심

[pʌntʃ] 펀취
punch 펀치

● 단어를 읽고, 빠진 발음기호를 써보세요.

check → [__ek] | cheese → [__iːz] | lunch → [lʌn__] | punch → [pʌn__]

[k] 크

우리말의 /크/처럼 발음합니다.

최대한 턱을 아래쪽으로 당기면서 입을 크게 벌린 채 목에 살짝 힘을 주고 /크/ 소리를 냅니다. 이렇게 하면 혀 뒤쪽이 입천장의 부드러운 부분에 닿았다가 떨어집니다. 이 때 성대는 울리지 않습니다.

● 단어를 듣고 발음기호를 보면서 따라 읽어보세요. MP3 24

[kid] 키ㄷ
kid 아이

[kik] 킥
kick 차다

[keik] 케잌
cake 케이크

[bæk] 백
back 등

[sik] 씩
sick 아픈

[kʌp] 컵
cup 컵

● 단어를 읽고, 빠진 발음기호를 써보세요.

kid → [__id] | cake → [__eik] | sick → [si__] | back → [bæ__]

A 발음기호에 알맞은 한글 발음을 연결해 보세요.

❶ [p] ·　　　　　　　　　　　· 트

❷ [t] ·　　　　　　　　　　　· 취

❸ [k] ·　　　　　　　　　　　· 크

❹ [ʧ] ·　　　　　　　　　　　· 프

B 발음기호를 보고 한글 발음을 써 보세요.

❶ [k] → (　　　　　)　　　　❷ [ʧ] → (　　　　　)

❸ [p] → (　　　　　)　　　　❹ [t] → (　　　　　)

C 맞는 발음기호를 보기에서 골라 써 보세요.

❶ pork → [___ɔːrk]　　　　❷ time → [___aim]

❸ change → [___eindʒ]　　　❹ kick → [___ik]

보기　　　　[p]　　　[ʧ]　　　[t]　　　[k]

D 발음기호를 읽고 단어를 완성해 보세요.

❶ [map] → mo____　　　　　❷ [pat] → po____

❸ [pʌnʧ] → pun____　　　　❹ [sik] → si____

46

동음이의어 (homonym)

◆ 동음이의어(homonym)란?

'동음이의어'란 소리는 같은데 뜻이 다른 단어를 말합니다. 그리스어로 '같다'라는 의미인 **homo-**와 '이름'이란 뜻의 **nym**이 결합하여 만들어진 것입니다. 여기에도 몇가지 종류가 있어요. 먼저 글자는 같은 데 뜻이 다른 동철이의어, 소리는 같은 데 철자가 다른 동음이철어가 있답니다.

◆ 동철이의어 (homograph)

철자는 같은 데 뜻이 전혀 다른 단어를 말합니다. 예를 들어, **fine** [fain] 은 형용사로 '좋은'이라는 뜻과 명사로 '벌금'이라는 전혀 다른 뜻을 가지고 있어요. 이런 동음이의어는 이야기의 흐름에 따라 더 맞는 뜻을 선택해서 해석해야 합니다.

Ex bear [bɛər] 베어ʳ / 곰, 참다, (아이를) 낳다

Do you have a teddy **bear**? 너는 **곰** 인형이 있니?

I can't **bear** the pain. 나는 통증을 **참을** 수 없다.

She cannot **bear** a son. 그녀는 아들을 **낳을** 수 없다

◆ 동음이철어 (homophone)

동음이철어는 두 단어가 발음이 같으나 철자와 의미가 다른 단어를 말합니다. 예를 들어, **flower**와 **flour**는 발음은 모두 플라우어ʳ [fláuər] 이지만 뜻은 다릅니다. **flower**는 '꽃'이고 **flour**는 '밀가루'입니다. 이런 경우는 글로 읽을 때는 정확히 알 수 있지만 듣기를 할 때는 문맥 속에서 알맞은 뜻을 찾아서 이해해야 합니다.

Ex

knight (기사)

hare (토끼)

mail (우편)

vs.

vs.

vs.

night (밤)

hair (머리카락)

male (남자)

↓

↓

↓

[nait] 나이ᵗ

[hɛər] 헤어ʳ

[meil] 메일

UNIT 25

[f] *프

우리말의 /프/처럼 발음합니다.

입술이 닿았다가 떨어지는 소리로 우리말의 '프'나 영어의 /p/와는 다릅니다. 그림처럼 윗니로 아랫입술 안쪽을 살짝 누르고 **프'라고 해보세요. 입안의 공기를 이와 아랫입술 사이로 세게 내보내 강한 마찰이 느껴지도록 합니다. 이 때 성대는 울리지 않습니다.

● 단어를 듣고 발음기호를 보면서 따라 읽어보세요. 🎧 MP3 25

[feis] *페이스
face 얼굴

[fɔːrk] *퍼-ㄹ크
fork 포크

[fæn] *팬
fan 선풍기

[fræns] *프랜스
France 프랑스

[ʃef] 셰*프
chef 요리사

[ʃelf] 셸*프
shelf 선반

● 단어를 읽고, 빠진 발음기호를 써보세요.

face → [__eis] | fork → [__ɔːrk] | chef → [ʃe__] | shelf → [ʃel__]

48

26

[θ] *쓰

우리말의 /쓰/처럼 발음합니다.

그림처럼 혀끝을 윗니와 아랫니 사이로 살짝 내밀어 공기를 내보내며 '*쓰'라고 합니다. 공기가 입 밖으로 나갈 때 마찰이 느껴질 거예요. 이 때 성대는 울리지 않습니다.

● 단어를 듣고 발음기호를 보면서 따라 읽어보세요. MP3 26

[θæŋk] *쌩ㅋ
thank 감사

[θiŋk] *씽ㅋ
think 생각하다

[θrou] *쓰로우
throw 던지다

[bouθ] 보우*ㅆ
both 둘 다

[mæθ] 매*ㅆ
math 수학

[welθ] 웰*ㅆ
wealth 부, 재산

● 단어를 읽고, 빠진 발음기호를 써보세요.

think → [__iŋk] | throw → [__rou] | both → [bou__] | math → [mæ__]

UNIT 27

[s] 스

우리말의 /스/처럼 발음합니다.

혀끝을 윗니와 아랫니의 중간 정도에 두고 그 사이로 '스' 하면서 공기를 입 밖으로 내보냅니다. 이때 이에 혀가 닿지 않게 혀와 입천장 사이로 공기가 지나가게 해주세요. 성대는 울리지 않습니다.

● 단어를 듣고 발음기호를 보면서 따라 읽어보세요. MP3 27

[sta:r] 스타-ᄅ
star 별

[smail] 스마일
smile 미소

[maus] 마우ᄉ
mouse 쥐

[ʧɔis] 처이ᄉ
choice 선택

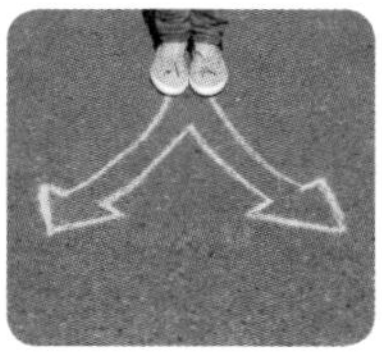

[ni:s] 니-ᄉ
niece 조카

[keis] 케이ᄉ
case 상자

● 단어를 읽고, 빠진 발음기호를 써보세요.

star → [__ta:r] | mouse → [mau__] | choice → [ʧɔi__] | case → [kei__]

[ʃ] 쉬

우리말의 /쉬/처럼 발음합니다.

'쉬'를 발음할 때는 입술을 동그랗게 오므리고 혀끝과 입천장 사이로 공기를 내보내 보세요. 이 때 성대는 울리지 않습니다.

● 단어를 듣고 발음기호를 보면서 따라 읽어보세요. MP3 28

[ʃiː] 쉬-
she 그녀

[ʃou] 쇼우
show 보여주다

[ʃel] 쉘
shell 조개껍데기

[slʌʃ] 슬러쉬
slush 슬러시

[træʃ] 트래쉬
trash 쓰레기

[brʌʃ] 브러쉬
brush 붓

● 단어를 읽고, 빠진 발음기호를 써보세요.

she → [_iː] | show → [_ou] | slush → [slu_] | brush → [brʌ_]

A 발음기호에 알맞은 한글 발음을 연결해 보세요.

① [f] ·   · *쓰

② [s] ·   · 쉬

③ [ʃ] ·   · 스

④ [θ] ·   · *프

B 발음기호를 보고 한글 발음을 써 보세요.

① [s] → (   )   **②** [f] → (   )

③ [ʃ] → (   )   **④** [θ] → (   )

C 맞는 발음기호를 보기에서 골라 써 보세요.

① thank → [___æŋk]   **②** smile → [___mail]

③ chef → [ʃe___]   **④** shell → [___el]

보기   [θ]   [s]   [ʃ]   [f]

D 발음기호를 읽고 단어를 완성해 보세요.

① [fɔːrk] → _____   **②** [mæθ] → _____

③ [maus] → _____   **④** [træʃ] → _____

최소 대립쌍 (minimal pair)

◆ 최소 대립쌍(minimal pair)이란?

단어 중에 같은 위치의 한가지 발음(자음 또는 모음)만 다른데 나머지 부분은 같은 한 쌍의 단어를 말합니다. 최소한 (minimal)의 차이를 가진 한쌍의 단어라는 의미로 '최소 대립쌍'이라고도 합니다. 예를 들어, **f**an과 **p**an은 단어의 첫 자음만 다르고 나머지 부분은 같은 이런 한쌍의 단어를 최소 대립쌍(minimal pair)라고 합니다.

Ex thing *씽 vs sing 싱, big 빅 vs fig *픽, book 북 vs look 룩, etc.

◆ 왜 연습해야 하나요?

최소 대립쌍(minimal pair)를 연습하면서, 발음과 철자를 정확히 구분하는 훈련을 할 수 있습니다. 먼저 두단어의 소리만을 듣고 알맞은 철자를 골라내는 훈련을 하고, 철자를 보고 단어를 정확히 발음하는 연습을 합니다. 각 음을 정확히 구분하는 훈련을 통해 낯선 영어 소리에 익숙해지고 각 소리에 맞는 철자를 찾아낼 수 있게 됩니다.

◆ 최소 대립쌍의 종류

최소 대립쌍에는 몇가지 종류가 있습니다. 첫번째 자음이 다른 경우(**initial consonant**), 모음(**vowel**)이 다른 경우, 마지막 자음(**final consonant**)이 다른 경우가 그것입니다.

word 1	word 2	IPA 1	IPA 2	note
pin 핀	**bin** 빈	[pɪn]	[bɪn]	**initial consonant** 첫번째 자음
zeal 지–일	**seal** 씨–일	[zi:l]	[si:l]	
bin 빈	**bean** 비–인	[bɪn]	[bi:n]	**vowel** 모음
pen 펜	**pan** 팬	[pɛn]	[pæn]	
hat 햍	**had** 해ㄷ	[hæt]	[hæd]	**final consonant** 마지막 자음
cat 캩	**can** 캔	[kæt]	[cæn]	

[b] 브

우리말의 /브/처럼 발음합니다.

먼저 양입술을 다문 채 입 안으로 말아 넣습니다. 그리고 다물었던 입술을 터뜨리고 공기를 밖으로 내보내며 '브' 소리를 냅니다. 이 때 성대를 울리며 소리 냅니다.

● 단어를 듣고 발음기호를 보면서 따라 읽어보세요.  MP3 29

[bluː] 블루-
blue 파란

[biːn] 비-인
bean 콩

[bæt] 뱉
bat 박쥐

[dʒab] 좝
job 직업

[kæb] 캡
cab 택시

[kʌb] 컵
cub (곰·사자·여우 등의) 새끼

● 단어를 읽고, 빠진 발음기호를 써보세요.

blue → [__luː] | bean → [__iːn] | job → [dʒa__] | cub → [kʌ__]

[d] 드

우리말의 /드/처럼 발음합니다.

이 소리는 공기를 입 밖으로 내보낼 때, 혀끝을 윗니에 댔다가 떨어뜨리면서 '드'하고 발음합니다. 이 때 혀가 이에 닿지 않게 합니다. 성대를 울리며 소리냅니다.

● 단어를 듣고 발음기호를 보면서 따라 읽어보세요. MP3 30

[**d**roun] 드로운
drone 무인항공기

[**d**esk] 데스ᵏ
desk 책상

[**d**ais] 다이ˢ
dice 주사위

[gʊ**d**] 굳
good 좋은

[wəːrl**d**] 월ㅡㄹ드
world 세계

[spen**d**] 스펜ᵈ
spend (돈을) 쓰다, (시간을) 보내다

● 단어를 읽고, 빠진 발음기호를 써보세요.

desk → [__esk] | spend → [spen__] | dice → [__ais] | world → [wəːrl__]

UNIT 31

[dʒ] 쥐

우리말의 /쥐/처럼 발음합니다.

입술을 동그랗게 오므리고 혀끝을 윗니 바로 뒤 잇몸에 닿았다가 공기를 단번에 내보내는 느낌으로 '쥐'라고 해보세요. 이 때 성대를 울리며 소리냅니다.

● 단어를 듣고 발음기호를 보면서 따라 읽어보세요. MP3 31

[dʒouk] 조우ㅋ
joke 농담

[dʒʌmp] 줨ㅍ
jump 점프

[edʒ] 에쥐
edge 끝, 가장자리

[dʒeil] 줴일
jail 감옥

[peidʒ] 페이쥐
page 쪽, 페이지

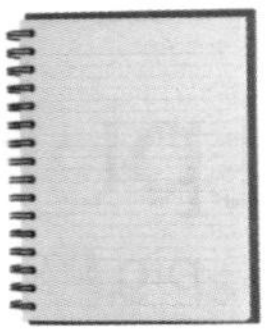

[bædʒ] 배쥐
badge (신분이나 소속을 나타내는) 배지

● 단어를 읽고, 빠진 발음기호를 써보세요.

page → [pei__] | jail → [__eil] | joke → [__ouk] | edge → [e__]

[g]그

우리말의 /그/처럼 발음합니다.

최대한 턱 아래쪽으로 당기면서 입을 크게 벌리고 '그'하고 발음합니다. 이렇게 하면 혀 뒤쪽이 입천장의 부드러운 부분에 닿았다가 떨어집니다. 이 때 성대를 울리며 소리냅니다.

● 단어를 듣고 발음기호를 보면서 따라 읽어보세요. 🎧 MP3 32

[græs] 그래ㅆ
grass 잔디, 풀

[gəːrl] 거–얼
girl 여자 아이

[griːn] 그뤼–ㄴ
green 녹색

[big] 빅
big 큰

[hʌg] 허ㄱ
hug 껴안다

[pig] 피ㄱ
pig 돼지

● 단어를 읽고, 빠진 발음기호를 써보세요.

big → [bi__] | grass → [__ræs] | girl → [__əːrl] | pig → [pi__]

A 발음기호에 알맞은 한글 발음을 연결해 보세요.

❶ [dʒ] ·   · 브

❷ [g] ·   · 쥐

❸ [d] ·   · 그

❹ [b] ·   · 드

B 발음기호를 보고 한글 발음을 써 보세요.

❶ [g] → (   )   ❷ [b] → (   )

❸ [d] → (   )   ❹ [dʒ] → (   )

C 맞는 발음기호를 보기에서 골라 써 보세요.

❶ jump → [___ʌmp]   ❷ green → [___ri:n]

❸ bean → [___i:n]   ❹ desk → [___esk]

보기   [dʒ]   [g]   [d]   [b]

D 발음기호를 읽고 단어를 완성해 보세요.

❶ [bæt] → _____   ❷ [dais] → _____

❸ [edʒ] → _____   ❹ [gəːrl] → _____

58

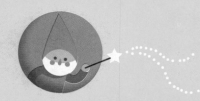

묵음 (silent letter)

◆ **묵음(silent letter)이란?**

철자는 분명히 있는데 발음이 되지 않은 철자를 '묵음'이라고 해요. 예를 들어, salmon[sǽmən]은 '연어'라는 뜻인데요. 여기서 'l'은 발음되지 않기때문에 '쌜먼'(x)이 아니라 '쌔먼'으로 읽어야 맞습니다. 이와 같이 영단어 중에는 철자와 발음이 다른 경우가 있기 때문에 영어 발음 기호를 꼭 확인하고 읽어보세요.

> salmon [sǽmən] - [쌔먼](O) - [쌜먼](X)

◆ **묵음이 들어간 단어들**

다음 묵음이 들어간 단어들을 보면서 어떤 단어가 묵음인지 확인해 보세요.

SILENT **H**	SILENT **K**	SILENT **L**
hour [auər] 시간	knee [niː] 무릎	talk [tɔːk] 말하다
아워ʳ(O) – 하워ʳ(X)	니–(O) – 크니(X)	타–크(O) – 털크(X)
echo [ékoʊ] 메아리	knife [naif] 칼	calf [kæf] 송아지
에코우(O) – 에코후(X)	나이프(O) – 크나이프(X)	캐프(O) – 캘ᵖ(X)
school [skuː] 학교	knight [nait] 기사	half [hæf] 절반의
스–쿨(O) – 스크훌(X)	나이트(O) – 크나이트(X)	해프(O) – 핼ᵖ(X)

SILENT **D**	SILENT **B**	SILENT **T**
Wednesday [wénzdei] 수요일	climb [klaim] (산에) 오르다	castle [kǽsl] 성
웬즈데이(O) – 웨드네스데이(X)	클라임(O) – 클라임ᵇ(X)	캐쓸(O) – 캐스틀(X)
handsome [hǽnsəm] 잘생긴	comb [koum] (머리를) 빗다	listen [lísn] 듣다
핸썸(O) – 핸ᵈ썸(X)	코움(O) – 코움ᵇ(X)	리쓴(O) – 리ˢ튼(X)

UNIT
33

[v] *브

우리말의 /브/처럼 발음합니다.

이 소리는 입술이 닿았다 떨어지는 우리말의 '브'나 영어의 /b/와는 다릅니다. 그림처럼 윗 니로 아랫입술 안쪽을 살짝 누르고 *브'라고 합니다. 입안의 공기를 이와 아랫입술 사이로 세게 내보내 마찰이 느껴지도록 합니다.

● 단어를 듣고 발음기호를 보면서 따라 읽어보세요. MP3 33

[vɔis] *버이ㅅ
voice 목소리

[vout] *보우ㅌ
vote 투표하다

[vjuː] *비우–
view 경관, 전망

[səːrv] 써–얼*브
serve 음식 등을 제공하다

[kəːrv] 커–얼*브
curve 곡선

[ivént] 이*벤트
event 행사

● 단어를 읽고, 빠진 발음기호를 써보세요.

voice → [__ɔis] | vote → [__out] | serve → [səːr__] | curve → [kəːr__]

[ð] *드

우리말의 /드/처럼 발음합니다.

그림처럼 윗니와 아랫니 사이로 혀 앞쪽 끝을 내밀고 **드'하고 발음합니다. 입안의 공기를 이와 아랫입술 사이로 강하게 내보냅니다. 강한 마찰이 느껴질 거예요. 이 때 성대를 울리며 소리를 냅니다.

● 단어를 듣고 발음기호를 보면서 따라 읽어보세요. MP3 34

[ðei] *데이
they 그들

[ríðm] 리*듬
rhythm 리듬

[briːð] 브리–*드
breathe 숨을 쉬다

[beið] 베이*드
bathe 목욕하다

[smuːð] 스무–*드
smooth 표면이 매끄러운

[suːð] 수–*드
soothe 진정시키다

● 단어를 읽고, 빠진 발음기호를 써보세요.

they → [__ei] | breathe → [briː__] | bathe → [bei__] | smooth → [smuː__]

[Z] 즈

우리말의 /즈/처럼 발음합니다.

혀끝을 윗니와 아랫니의 중간 정도에 두고 그 사이로 '즈' 하면서 공기를 내보냅니다. 혀가 입천장에 닿지 않게 혀와 입천장 사이로 공기가 지나가게 해주세요. 이 때 성대를 울리며 소리냅니다.

● 단어를 듣고 발음기호를 보면서 따라 읽어보세요. 🎧 MP3 35

[zip] 짚
zip 지퍼를 잠그다

[zæk] 잭
Zack 남자 이름

[zoun] 조운
zone 지역

[saiz] 사이즈
size 크기

[kreiz] 크레이즈
craze 대유행

[praiz] 프라이즈
prize 상

● 단어를 읽고, 빠진 발음기호를 써보세요.

prize → [prai__] | zip → [__ip] | zone → [__oun] | size → [sai__]

[ʒ] 쥐

우리말의 /쥐/처럼 발음합니다.

입술을 동그랗게 오므리고 혀끝을 윗니 바로 뒤 입천장에 살짝 대었다가 떨어뜨리면서 혀와 입천장 사이로 공기를 길게 입 밖으로 내보내며 '쥐'하고 발음합니다. /ʤ/는 단번에 공기를 내보내는 반면에 /ʒ/는 공기를 길게 내보냅니다. 이 때 성대를 울리며 소리냅니다.

● 단어를 듣고 발음기호를 보면서 따라 읽어보세요. MP3 36

[beiʒ] 베이쥐
beige 베이지색

[luːʒ] 루–쥐
luge (스포츠) 루지

[kəlɑ́ːʒ] 컬라–쥐
collage (미술 기법) 콜라주

[pléʒər] 플레져ᵣ
pleasure 기쁨

[véːrʒən] *버–얼전
version ~판(버전)

[líːʒər] 리–져ᵣ
leisure 여가
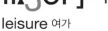

● 단어를 읽고, 빠진 발음기호를 써보세요.

beige → [bei__] | pleasure → [plé__ər] | version → [véː r__ən] | leisure → [líː __ər]

A 발음기호에 알맞은 한글 발음을 연결해 보세요.

❶ [ð] ·   · *브

❷ [z] ·   · *드

❸ [ʒ] ·   · 즈

❹ [v] ·   · 쥐

B 발음기호를 보고 한글 발음을 써 보세요.

❶ [ʒ] → (   )   ❷ [v] → (   )

❸ [z] → (   )   ❹ [ð] → (   )

C 맞는 발음기호를 보기에서 골라 써 보세요.

❶ <u>v</u>ote → [___oʊt]   ❷ smoo<u>th</u> → [suː___]

❸ <u>z</u>one → [___oun]   ❹ bei<u>g</u>e → [bei___]

보 기   [v]   [ð]   [z]   [ʒ]

D 발음기호를 읽고 단어를 완성해 보세요.

❶ [ríðm] → _____   ❷ [zip] → _____

❸ [líːʒər] → _____   ❹ [səːrv] → _____

헷갈리기 쉬운 발음

영어에서는 명사의 복수형 -s(es)와 동사의 과거형 -ed의 경우 앞에 오는 자음에 따라 발음이 달라집니다.

① 명사의 복수형 어미 '-s'

명사의 복수형에는 보통 -s나 -es를 붙이는데요. -s 앞소리에 어떤 소리가 오느냐에 따라 /-z/, /-s/, /-iz/로 다르게 발음이 됩니다. -s 앞소리가 무성음으로 끝나면 /-s/, -s 앞소리가 유성음으로 끝나면 /-z/, 그리고 그 외 e로 끝나는 명사나 -ch, -sh 등으로 끝나는 경우 /-iz/로 발음합니다.

◆ 명사의 복수형 어미 '-s'의 발음 예

-z /ㅈ/ 발음	-s /ㅆ/ 발음	-iz /이ㅈ/ 발음
유성음 (b, d, g, l, m, n, r, v) + -s	무성음 (f, k, p, t, th, ph) + -s	e로 끝나는 명사, c, s, x, z ch, sh, ss, ge, o + -s/-es
crabs [크랩즈] 게 **card**s [카르즈] 카드 **fall**s [펄즈] 폭포	**laugh**s [래프씨] 웃음 **drink**s [드링크씨] 음료수 **cup**s [컵씨] 컵	**bus**es [버시지] 버스 **box**es [박씨지] 박스 **priz**es [프라이지지] 상

② 동사과거형 어미 '-ed'

동사의 과거에는 보통 -ed를 붙이는데요. -ed 바로 앞의 단어가 어떤 소리가 오느냐에 따라 /-t/, /-d/, /-id/로 다르게 발음이 됩니다. 무성음이 오는 경우에는 /-t/, 유성음이면 /-d/, /-t/나 /-d/로 끝나면 /-id/로 발음됩니다.

◆ 동사과거형 어미 '-ed'의 발음 예

-d /ㄷ/ 발음	-t /ㅌ/ 발음	-id /이ㄷ/ 발음
유성음 + -ed	무성음 + -ed	d, t + -ed
dreamed [드림디] 꿈꾸다 **stay**ed [스테이드] 머무르다 **fill**ed [*필드] 채우다	**look**ed [룩ㅌ] 보다 **watch**ed [와취ㅌ] 보다 **help**ed [헬프ㅌ] 돕다	**add**ed [애디드] 추가하다 **end**ed [엔디드] 끝나다 **wait**ed [웨이티드] 기다리다

[m] 므/음

우리말의 /므/ 또는 /음/처럼 발음합니다.
먼저 첫소리로 쓰이는 '므' 소리는 윗입술
과 아랫입술을 다문채 코로 공기를 내보내
면서 발음합니다. '음'은 마지막 소리로 '므'
는 입술이 떨어지는 반면 '음'은 입술을 다
문 채 소리 냅니다. 이 때 성대를 울리며
소리냅니다.

● 단어를 듣고 발음기호를 보면서 따라 읽어보세요. MP3 37

[meik] 메이ㅋ
make 만들다

[méni] 메니
many 많은

[mʌ́ni] 머니
money 돈

[maim] 마임
mime 마임

[ruːm] 루ㅡ움
room 방

[swim] 스윔
swim 수영하다

● 단어를 읽고, 빠진 발음기호를 써보세요.

many → [__éni] | make → [__eik] | room → [ruː__] | swim → [swi__]

[n] 느/은

우리말의 /느/ 또는 /은/처럼 발음합니다.
먼저 첫소리인 '느' 소리는 혀끝을 윗니 바로 뒤 딱딱한 입천장에 댔다가 떨어뜨리며 발음합니다. 마지막 소리인 '은'의 경우에는 '느'와 달리 혀끝을 윗니 바로 뒤에 댄 채 발음합니다.

● 단어를 듣고 발음기호를 보면서 따라 읽어보세요. MP3 38

[nait] 나이ㅌ
knight 기사

[nek] 넥
neck 목

[net] 네ㅌ
net 그물

[koun] 코운
cone 원뿔

[taun] 타운
town 마을

[pand] 판ㄷ
pond 연못

● 단어를 읽고, 빠진 발음기호를 써보세요.

town → [tau__] | neck → [__ek] | net → [__et] | pond → [pa__d]

[ŋ] 응

우리말의 /응/처럼 발음합니다.

/k/소리를 낼 때처럼 턱을 아래로 내리고 발음합니다. 이렇게 하면 혀 뒤쪽이 입천장으로 올라갑니다. 우리말 '응'보다는 좀 더 긴장된 소리입니다. 입 밖으로 공기를 내보내는 게 아니라 코로 공기를 내보내면서 성대를 울리며 '응'하고 소리냅니다.

● 단어를 듣고 발음기호를 보면서 따라 읽어보세요. 🎧 MP3 39

[hæŋ] 행
hang 걸다

[lɔːŋ] 러—응
long 긴

[riŋ] 륑
ring 반지

[sɔːŋ] 써—응
song 노래하다

[spriŋ] 스프륑
spring 봄

[strɔːŋ] 스트러—응
strong 튼튼한

● 단어를 읽고, 빠진 발음기호를 써보세요.

long → [lɔː__] | ring → [ri__] | song → [sɔː__] | spring → [spri__]

[h] 흐

우리말의 /흐/처럼 발음합니다.
목에서 나오는 소리입니다. 턱을 아래로 당기면서 입을 크게 벌리고 '흐'하고 발음합니다. 이 때 성대가 긴장되면서 좁은 공간 사이로 공기가 밖으로 나오게 됩니다.

● 단어를 듣고 발음기호를 보면서 따라 읽어보세요. 🎧 MP3 40

[haːrt] 하–알ㅌ
heart 심장

[hænd] 핸ㄷ
hand 손

[haus] 하우ㅅ
house 집

[hɛər] 헤어ㄹ
hair 머리

[houl] 호울
hole 구덩이

[hil] 힐
hill 언덕

● 단어를 읽고, 빠진 발음기호를 써보세요.

hand → [__ænd] | house → [__aus] | hair → [__ɛər] | hole → [__oul]

A 발음기호에 알맞은 한글 발음을 연결해 보세요.

① [m] ·
② [n] ·
③ [ŋ] ·
④ [h] ·

· 느/은
· 응
· 므/음
· 흐

B 발음기호를 보고 한글 발음을 써 보세요.

① [ŋ] → (   )
② [n] → (   )
③ [m] → (   )
④ [h] → (   )

C 맞는 발음기호를 보기에서 골라 써 보세요.

① ri<u>ng</u> → [ri___]
② <u>h</u>air → [___ɛər]
③ <u>m</u>ake → [___eik]
④ k<u>n</u>ight → [___ait]

보기   [ŋ]   [n]   [m]   [h]

D 발음기호를 읽고 단어를 완성해 보세요.

① [taun] → _____
② [houl] → _____
③ [swim] → _____
④ [spriŋ] → _____

70

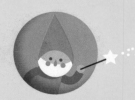

유화현상 (flap sound)

◆ **유화현상(flap sound)이란?**

t와 **d**가 ① 모음 사이에 올 경우 혹은 ② 모음과 **l** 이나 **r** 사이에 올 경우 다른 음으로 발음되는 현상을 '유화현상'이라고 해요. 이와 같이 사전의 발음기호와 실생활에서 사용되는 발음이 다르게 나타나는 경우가 있어요. 특히 이러한 유화현상은 미국식 영어발음에서 찾아볼 수 있습니다.

이 소리를 낼 때는 혀를 입천장에 살짝 한번 쳐서 발음합니다. 예를 들어 **water**는 '워터'가 아니라 보통 '워러'라고 발음합니다. 여기서 **t**는 모음 사이에 왔기때문에 't' 아니라 'r' 발음처럼 발음되었어요. 발음기호에는 [wɔ́ːtər]로 나와있지만 실제로는 [wɔ́ːrər]로 발음해요.

> **water** [wɔ́ːtər] - [워터](발음기호 발음) - [워러](실제 발음)

◆ **유화현상의 예**

모음 + t + 모음
tomato [təméitou] 토마토 터메이로우(실제 발음) – 토메이토우 butter [bʌtə(r)] 버터 버러(실제 발음) – 버터

모음 + rt + 약모음
party [pɑ́ːrti] 파티 파-뤼(실제 발음) – 파ʳ티 forty [fɔːrti] 40 *포-뤼(실제 발음) – *포ʳ티

모음 + nt + 모음
twenty [twénti] 20 트웨니(실제 발음) – 트웬티 internet [íntərnet] 인터넷 이너ʳ넷(실제 발음) – 인터ʳ넷

모음 + d + 모음
model [mɑdl] 모델 마를(실제 발음) – 마들 nobody [nəʊbədi] 아무도…않다 노우바리(실제 발음) – 노우바디

모음 + rd + 약모음
harder [hɑ́ːrdər] 더, 어려운 하ʳ러ʳ(실제 발음) – 하ʳㄷㄹ order [ɔ́ːrdər] 주문 오ʳ러ʳ(실제 발음) – 오ʳ더ʳ

모음 + dl + 모음
middle [mídl] 중앙 미를(실제 발음) – 미덜 noodle [núːdl] 국수 누-를(실제 발음) – 누-덜

[l] 르/을

우리말의 /르/ 또는 /을/처럼 발음합니다.

먼저 첫소리인 /르/ 소리는 혀끝을 입천장 딱딱한 부분에 세게 댔다가 떨어뜨리면서 발음합니다. 공기가 혀 양 옆으로 흐르게 소리냅니다. 마지막 음인 /을/은 혀끝을 입천장 부분에 댄 채 길게 발음합니다. 이 때 성대를 울리며 소리냅니다.

● 단어를 듣고 발음기호를 보면서 따라 읽어보세요. MP3 41

[laif] 라이*ㅍ
life 살아 있음

[lʌv] 러*ㅂ
love 사랑

[læf] 래*ㅍ
laugh 웃다

[liːp] 리—ㅍ
leap 뛰어오르다

[skuːl] 스쿠—울
school 학교

[wel] 웰
well 우물

● 단어를 읽고, 빠진 발음기호를 써보세요.

well → [we__] | life → [__aif] | love → [__ʌv] | school → [skuː__]

72

UNIT 42

 [r] 뤄

우리말의 /뤄/처럼 발음합니다.

입을 동그랗게 모으고 혀를 입천장에 닿지 않게 하고 발음합니다. 혀를 뒤쪽으로 당겨 입 안 중앙에 위치시킨다는 느낌으로 성대를 울리며 소리냅니다.

● 단어를 듣고 발음기호를 보면서 따라 읽어보세요. MP3 42

[ritʃ] 뤼취
rich 부유한

[rʌg] 뤄ㄱ
rug 양탄자

[ruːt] 루ㅡㅌ
root 뿌리

[greid] 그뤠이ㄷ
grade 성적

[rais] 롸이ㅆ
rice 쌀

[prais] 프롸이ㅆ
price 가격

● 단어를 읽고, 빠진 발음기호를 써보세요.

rich → [__itʃ] | rug → [__ʌg] | grade → [g__eid] | price → [p__ais]

UNIT 43

[W] 워

우리말의 /워/처럼 발음합니다.

입을 동그랗게 만들고 /워/하고 발음합니다. 이 때 성대가 울리게 소리냅니다. 단어에서는 먼저 입술을 동그랗게 만들어 놓고 이어지는 모음을 발음하며 입술을 벌립니다.

● 단어를 듣고 발음기호를 보면서 따라 읽어보세요. 🎧 MP3 43

[wud] 워ᄃ
wood 나무

[waif] 와이*ㅍ
wife 아내

[wain] 와인
wine 포도주

[witʃ] 위ᄎ
witch 마녀

[wɔːl] 우워ᅳᄅ
wall 벽

[wəːrk] 워ᅳᄅ크
work 일

● 단어를 읽고, 빠진 발음기호를 써보세요.

wood → [__ud] | wife → [__aif] | wine → [__ain] | witch → [__itʃ]

UNIT 44

[j] 이

우리말의 /이/처럼 발음합니다.

우리말의 '이'를 발음할 때와 같이 입술을 양옆으로 벌리고 발음합니다. 처음에는 양옆으로 입술을 벌리고 있다가 입술을 천천히 이어지는 모음의 모양으로 바꿔서 발음합니다.

● 단어를 듣고 발음기호를 보면서 따라 읽어보세요. MP3 44

[jɑːrd] 이야—ㄹ드
yard 마당

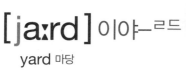

[juːz] 이유—ㅈ
use 사용

[jæm] 이앰
yam 참마

[jiər] 이어ㄹ
year 년

[jel] 이옐
yell 소리치다

[jɑːrn] 이야—ㄹ은
yarn 실

● 단어를 읽고, 빠진 발음기호를 써보세요.

use → [__uːz] | yam → [__æm] | year → [___iər] | yell → [___el]

A 발음기호에 알맞은 한글 발음을 연결해 보세요.

❶ [l] ·   · 뤄

❷ [r] ·   · 워

❸ [j] ·   · 이

❹ [w] ·   · 르/을

B 발음기호를 보고 한글 발음을 써 보세요.

❶ [j] ➔ (   )   ❷ [l] ➔ (   )

❸ [w] ➔ (   )   ❹ [r] ➔ (   )

C 맞는 발음기호를 보기에서 골라 써 보세요.

❶ <u>r</u>ich ➔ [___itʃ]   ❷ <u>y</u>am ➔ [___æm]

❸ <u>l</u>augh ➔ [___æf]   ❹ <u>w</u>itch ➔ [___itʃ]

보 기   [l]   [r]   [w]   [j]

D 발음기호를 읽고 단어를 완성해 보세요.

❶ [lʌv] ➔ _____   ❷ [wəːrk] ➔ _____

❸ [greid] ➔ _____   ❹ [jiər] ➔ _____

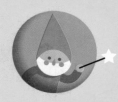

복자음(consonants blends)의 발음

◆ 복자음(consonants blends)이란?

영어에는 자음이 이중, 삼중으로 겹쳐 나오는 경우가 있어요. 이것을 '복자음'이라고 불러요. 예를 들어, **summer**를 발음할 때 자음이 두 개가 나와서 '썸머'라고 하기 쉽지만 '써머'라고 해야 맞아요. 그 이유는 같은 자음의 복자음일 경우 하나는 생략이 되어 발음되기 때문이에요. 다음은 복자음의 몇 가지 주의해야 할 발음을 알아볼까요?

같은 자음이 두 개 이상 겹치면 하나만 발음한다

dinner	[디너](O)	[딘너](X)	식사
hobby	[하비](O)	[합비](X)	취미
ribbon	[리본](O)	[립본](X)	리본
lobby	[로비](O)	[롭비](X)	로비
cabbage	[캐비쥐](O)	[캡비쥐](X)	양배추

st-, sk-, sp-가 첫소리에 올 때 s 다음의 t/k/p는 된소리로 발음한다

study	[스떠디](O)	[스터디](X)	공부하다
sky	[스까이](O)	[스카이](X)	하늘
speak	[스삐―ㅋ](O)	[스피ㅋ](X)	말하다

자음 3개가 나올 때 가운데 소리(p, d, t 등)등은 묵음이 된다.

sandwich	[샌위취](O)	[샌드위치](X)	샌드위치
handmade	[핸메이드](O)	[핸드메이드](X)	손으로 만든
symptom	[씸텀](O)	[씸프텀](X)	현상

Part

O2

발음기호를
연습해요!

UNIT 45 — Word Practice

A 단어를 듣고 발음기호를 읽어 보세요.

 MP3 45

❶ advance	[ǽdvǽns]	발전, 진보	❷ brochure	[brouʃúər]	안내서, 소책자
❸ devil	[dévl]	악마	❹ genre	[ʒɑ́ːnrə]	장르, 유형
❺ little	[lítl]	작은	❻ pathway	[pǽθwei]	오솔길, 진로
❼ sugar	[ʃúgə(r)]	설탕	❽ yoga	[jóugə]	요가

B 발음기호를 쓰고 세 번 큰 소리로 읽은 다음 체크하세요.

❶ advance [ǽdvǽns] ☑ ☑ ☑   ❷ brochure [   ] ☐ ☐ ☐

❸ devil [   ] ☐ ☐ ☐   ❹ genre [   ] ☐ ☐ ☐

❺ little [   ] ☐ ☐ ☐   ❻ pathway [   ] ☐ ☐ ☐

❼ sugar [   ] ☐ ☐ ☐   ❽ yoga [   ] ☐ ☐ ☐

Challenge

[əkámpliʃ] accomplish 성취하다   [ʌmbrélə] umbrella 우산

[mjuːzíːəm] museum 박물관   [tʃǽmpiən] champion 챔피언

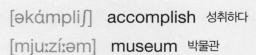
A. 1. 애ᵈ*밴스 2. 브로우슈어 3. 데*블 4. 쟝-러 5. 리틀 6. 패*쓰웨이 7. 슈거⁽ᵣ⁾ 8. 이요우거
Challenge: 어캄플리쉬 엄브렐러 뮤지어엄 챔피어언

C 단어와 발음기호를 연결한 다음 단어를 써 보세요.

① little •

② genre •

③ advance •

④ brochure •

• [ʒάːnrə] _____genre_____

• [brouʃúər] _____

• [lítl] _____

• [ædvǽns] _____

D 발음기호를 읽고 알맞은 단어를 보기에서 골라 써보세요.

① [pǽθwei] _____pathway_____

② [dévl] _____

③ [ʃúgə(r)] _____

④ [jóugə] _____

보기	yoga	devil	pathway	sugar

E 단어를 듣고 알맞은 발음기호에 번호를 쓰고 단어를 써보세요. MP3 46

[ ] [dévl] _____

[ ] [brouʃúər] _____

[ ] [ʒάːnrə] _____

[ ] [lítl] _____

[ ] [ædvǽns] _____

[ ] [ʃúgə(r)] _____

[ ] [jóugə] _____

[1] [pǽθwei] _____pathway_____

UNIT 46 Word Practice

A 단어를 듣고 발음기호를 읽어 보세요.

 MP3 47

1 airplane   [ɛ́ərplèin]   비행기   **2** magnet   [mǽgnit]   자석

3 brother   [brʌðər]   형제   **4** pencil   [pénsəl]   연필

5 dolphin   [dálfin]   돌고래   **6** surprise   [sərpráiz]   놀라움

7 gossip   [gásəp]   소문   **8** zigzag   [zígzæg]   지그재그

B 발음기호를 쓰고 세 번 큰 소리로 읽은 다음 체크하세요.

1 airplane   [   ] ☐ ☐ ☐   **2** magnet   [   ] ☐ ☐ ☐

3 brother   [   ] ☐ ☐ ☐   **4** pencil   [   ] ☐ ☐ ☐

5 dolphin   [   ] ☐ ☐ ☐   **6** surprise [   ] ☐ ☐ ☐

7 gossip   [   ] ☐ ☐ ☐   **8** zigzag   [   ] ☐ ☐ ☐

 **Challenge**

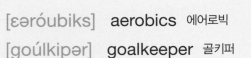

[ɛ̀əróubiks]   aerobics   에어로빅   [ʃæ̀ndəlíər]   chandelier   샹들리에

[goúlkipər]   goalkeeper   골키퍼   [ʌ̀ndərstǽnd]   understand   이해하다

A. 1. 에어ʳ플레인 2. 매그닡 3. 브라*더ʳ 4. 펜썰 5. 달*핀 6. 서ʳ프라이즈 7. 가썹 8. 직잭

Challenge: 에어우로빅ˢ 샌덜리어ʳ 고울기퍼ʳ 언더ʳ스탠ᵈ

[참고] [á]는 [a] 발음과 비슷한데 [a]보다는 혀를 뒤쪽으로 위치시켜서 발음합니다.

C 단어와 발음기호를 연결한 다음 단어를 써 보세요.

1 dolphin •

2 gossip •

3 surprise •

4 airplane •

• [sərpráiz] _____

• [ɛ́ərplèin] _____

• [gásəp] _____

• [dálfin] _____

D 발음기호를 읽고 알맞은 단어를 보기에서 골라 써보세요.

1 [mǽgnit] _____

2 [zígzæg] _____

3 [pénsəl] _____

4 [brʌðər] _____

| 보기 | brother | zigzag | magnet | pencil |

E 단어를 듣고 알맞은 발음기호에 번호를 쓰고 단어를 써보세요. 🎧 MP3 48

[gásəp] _____

[dálfin] _____

[sərpráiz] _____

[pénsəl] _____

[brʌðər] _____

[mǽgnit] _____

[zígzæg] _____

[ɛ́ərplèin] _____

UNIT 47 Word Practice

A 단어를 듣고 발음기호를 읽어 보세요. MP3 49

❶ anger	[ǽŋgər]	화, 분노	❷ meerkat	[míərkæt]	미어캣
❸ cabbage	[kǽbidʒ]	양배추	❹ penguin	[péŋgwin]	펭귄
❺ doughnut	[dóunət]	도넛	❻ teacher	[tíːʧər]	선생님
❼ groundhog	[gráundhɑ̀g]	(동물) 마멋	❽ zombie	[zámbi]	좀비

B 발음기호를 쓰고 세 번 큰 소리로 읽은 다음 체크하세요.

❶ anger	[ ] ☐☐☐	❷ meerkat	[ ] ☐☐☐
❸ cabbage	[ ] ☐☐☐	❹ penguin	[ ] ☐☐☐
❺ doughnut	[ ] ☐☐☐	❻ teacher	[ ] ☐☐☐
❼ groundhog	[ ] ☐☐☐	❽ zombie	[ ] ☐☐☐

Challenge

[əmérikə] America 미국   [tʃíərlìːdər] cheerleader 치어리더

[grǽndfɑ̀ːðər] grandfather 할아버지   [néibərhùd] neighborhood 이웃

A. 1. 앵거ㄹ 2. 미어ㄹ캩 3. 캐비쥐 4. 펭구인 5. 도우넽 6. 티-처ㄹ 7. 그라운ㄷ하ㄱ 8. 잠비

Challenge: 어메리커 치어ㄹ리-더ㄹ 그랜ㄷ*파-더ㄹ 네이버ㄹ후ㄷ

C 단어와 발음기호를 연결한 다음 단어를 써 보세요.

❶ cabbage •

❷ meerkat •

❸ doughnut •

❹ zombie •

• [zámbi] _____

• [dóunət] _____

• [míərkæt] _____

• [kǽbidʒ] _____

D 발음기호를 읽고 알맞은 단어를 보기에서 골라 써보세요.

❶ [tíːʧər] _____   ❷ [ǽŋgər] _____

❸ [gráundhὰg] _____   ❹ [péŋgwin] _____

| 보기 | groundhog | anger | teacher | penguin |

E 단어를 듣고 알맞은 발음기호에 번호를 쓰고 단어를 써보세요. 🎧 MP3 50

☐ [zámbi] _____   ☐ [kǽbidʒ] _____

☐ [gráundhὰg] _____   ☐ [ǽŋgər] _____

☐ [míərkæt] _____   ☐ [péŋgwin] _____

☐ [dóunət] _____   ☐ [tíːʧər] _____

UNIT 48 Word Practice

A 단어를 듣고 발음기호를 읽어 보세요.   MP3 51

1 answer [ǽnsər] 대답, 정답
2 minute [mínit] 분(시간)
3 candle [kǽndl] 양초
4 person [pə́ːrsn] 사람
5 earing [íərin] 귀걸이
6 teardrop [tíərdràp] 눈물방울
7 hammer [hǽmər] 망치
8 thousand [θáuzənd] 천(1000)

B 발음기호를 쓰고 세 번 큰 소리로 읽은 다음 체크하세요.

1 answer [   ] ☐☐☐
2 minute [   ] ☐☐☐
3 candle [   ] ☐☐☐
4 person [   ] ☐☐☐
5 earing [   ] ☐☐☐
6 teardrop [   ] ☐☐☐
7 hammer [   ] ☐☐☐
8 thousand [   ] ☐☐☐

 **Challenge**

[əmjúːzmənt] amusement 오락　　[grǽshàpər] grasshopper 메뚜기

[naktə́ːrnl] nocturnal 야행성의　　[júːnəvə̀ːrs] universe 우주

A. 1. 앤써ㄹ 2. 미닡 3. 캔들 4. 퍼-ㄹ슨 5. 이어ㄹ링 6. 티어ㄹ드랍 7. 해머ㄹ 8. *싸우전ᄃ
Challenge: 어뮤–즈먼ᵗ 그래ˢ하퍼ㄹ 낙터–ㄹ늘 유–니*버–ㄹ스

C 단어와 발음기호를 연결한 다음 단어를 써 보세요.

1 candle ·   · [íərin] _____

2 earing ·   · [pə́ːrsn] _____

3 thousand ·   · [kǽndl] _____

4 person ·   · [θáuzənd] _____

D 발음기호를 읽고 알맞은 단어를 보기에서 골라 써보세요.

1 [ǽnsər] _____   **2** [mínit] _____

3 [tíərdràp] _____   **4** [hǽmər] _____

보기	hammer	teardrop	minute	answer

E 단어를 듣고 알맞은 발음기호에 번호를 쓰고 단어를 써보세요. 🎧 MP3 52

[ǽnsər] _____   [mínit] _____

[kǽndl] _____   [pə́ːrsn] _____

[íərin] _____   [tíərdràp] _____

[hǽmər] _____   [θáuzənd] _____

UNIT 49 Word Practice

A 단어를 듣고 발음기호를 읽어 보세요.

 MP3 53

1 argue   [áːrgjuː]   다투다   **2** mitten   [mítn]   벙어리장갑

3 careful   [kéərfəl]   조심하는   **4** pilot   [páilət]   조종사

5 elbow   [élbou]   팔꿈치   **6** theater   [θíːətər]   극장

7 handsome   [hǽnsəm]   잘생긴   **8** fourteen   [fɔ̀ːrtíːn]   열 넷(14)

B 발음기호를 쓰고 세 번 큰 소리로 읽은 다음 체크하세요.

1 argue   [   ] ☐☐☐   **2** mitten   [   ] ☐☐☐

3 careful   [   ] ☐☐☐   **4** pilot   [   ] ☐☐☐

5 elbow   [   ] ☐☐☐   **6** theater   [   ] ☐☐☐

7 handsome   [   ] ☐☐☐   **8** fourteen   [   ] ☐☐☐

 **Challenge**

[ænəméiʃən] animation 만화 영화   [héərdrèsər] hairdresser 미용사

[pədʒáːməz] pajamas 잠옷   [víːhikl] vehicle 자동차

A. 1. 아ㅡ리규ㅡ 2. 미튼 3. 케어ㄹ*펄 4. 파일럳 5. 엘보우 6. *씨ㅡ어터ㄹ 7. 핸썸 8. *퍼ㅡ리티ㅡㄴ

Challenge: 애너메이션 헤어ㄹ드레서ㄹ 퍼자ㅡ머ᶻ *비ㅡ히클

C 단어와 발음기호를 연결한 다음 단어를 써 보세요.

1 fourteen　·

2 careful　·

3 handsome　·

4 elbow　·

· [élbou]　_____

· [hǽnsəm]　_____

· [kɛ́ərfəl]　_____

· [fɔ̀ːrtíːn]　_____

D 발음기호를 읽고 알맞은 단어를 보기에서 골라 써보세요.

1 [áːrgjuː]　_____

2 [θíːətər]　_____

3 [mítn]　_____

4 [páilət]　_____

보기	pilot　　mitten　　argue　　theater

E 단어를 듣고 알맞은 발음기호에 번호를 쓰고 단어를 써보세요.　🎧 MP3 54

☐ [fɔ̀ːrtíːn]　_____

☐ [hǽnsəm]　_____

☐ [páilət]　_____

☐ [élbou]　_____

☐ [kɛ́ərfəl]　_____

☐ [áːrgjuː]　_____

☐ [mítn]　_____

☐ [θíːətər]　_____

Word Practice

A 단어를 듣고 발음기호를 읽어 보세요.

 MP3 55

1 around [əráund] 사방에   **2** moisture [mɔ́istʃər] 수분

3 cartoon [kɑːrtúːn] 만화   **4** pirate [páiərət] 해적

5 embroider [imbrɔ́idər] 수를 놓다   **6** thunder [θʌ́ndər] 천둥

7 honey [hʌ́ni] 꿀   **8** pumpkin [pʌ́mpkin] 호박

B 발음기호를 쓰고 세 번 큰 소리로 읽은 다음 체크하세요.

1 around [   ] ☐ ☐ ☐   **2** moisture [   ] ☐ ☐ ☐

3 cartoon [   ] ☐ ☐ ☐   **4** pirate [   ] ☐ ☐ ☐

5 embroider [   ] ☐ ☐ ☐   **6** thunder [   ] ☐ ☐ ☐

7 honey [   ] ☐ ☐ ☐   **8** pumpkin [   ] ☐ ☐ ☐

 **Challenge**

[kaióuti] coyote 코요테   [hǽmbə̀ːrgər] hamburger 햄버거

[painǽpèl] pineapple 파인애플   [vàləntíər] volunteer 자원봉사자

A. 1. 어라운ᵈ 2. 머이스쳐ʳ 3. 카ㅡʳ투ㅡㄴ 4. 파이어렅 5. 임브러이더ʳ 6. *썬더ʳ 7. 허니 8. 펌킨

Challenge: 카이오우티 햄버ㅡʳ거ʳ 파인애펄 *발런티어ʳ

C 단어와 발음기호를 연결한 다음 단어를 써 보세요.

1 embroider •　　　　　　　　　　 • [imbrɔ́idər] _____

2 pumpkin •　　　　　　　　　　 • [kaːrtúːn] _____

3 pirate •　　　　　　　　　　 • [pʌ́mpkin] _____

4 cartoon •　　　　　　　　　　 • [páiərət] _____

D 발음기호를 읽고 알맞은 단어를 보기에서 골라 써보세요.

1 [əráund] _____　　　　 **2** [θʌ́ndər] _____

3 [mɔ́istʃər] _____　　　　 **4** [hʌ́ni] _____

> **보기**　　 thunder　　 honey　　 moisture　　 around

E 단어를 듣고 알맞은 발음기호에 번호를 쓰고 단어를 써보세요. 　 MP3 56

☐ [əráund] _____　　　　 ☐ [imbrɔ́idər] _____

☐ [kaːrtúːn] _____　　　　 ☐ [hʌ́ni] _____

☐ [páiərət] _____　　　　 ☐ [mɔ́istʃər] _____

☐ [pʌ́mpkin] _____　　　　 ☐ [θʌ́ndər] _____

UNIT 51 Word Practice

A 단어를 듣고 발음기호를 읽어 보세요.  MP3 57

1 Asia   [éiʒə]   아시아
2 Monday   [mʌ́ndei]   월요일
3 cereal   [síəriəl]   곡류
4 pitcher   [pítʃər]   투수
5 endure   [indjúər]   견디다
6 today   [tədéi]   오늘
7 hurray   [həréi]   만세
8 nature   [néitʃər]   자연

B 발음기호를 쓰고 세 번 큰 소리로 읽은 다음 체크하세요.

1 Asia [   ] ☐ ☐ ☐
2 Monday [   ] ☐ ☐ ☐
3 cereal [   ] ☐ ☐ ☐
4 pitcher [   ] ☐ ☐ ☐
5 endure [   ] ☐ ☐ ☐
6 today [   ] ☐ ☐ ☐
7 hurray [   ] ☐ ☐ ☐
8 nature [   ] ☐ ☐ ☐

Challenge

[ǽprəkàt] apricot 살구
[déindʒərəs] dangerous 위험한
[həwáiən] Hawaiian 하와이 사람
[vɔ́iidʒ] voyage 항해

A. 1. 에이져 2. 먼데이 3. 씨어ㄹ리얼 4. 피쳐ㄹ 5. 인듀어ㄹ 6. 터데이 7. 허레이 8. 네이쳐ㄹ
Challenge: 애프러캍 데인져러스 허와이언 *버이쥐

C 단어와 발음기호를 연결한 다음 단어를 써 보세요.

1 cereal •

• [pítʃər] _____

2 endure •

• [indjúər] _____

3 pitcher •

• [tədéi] _____

4 today •

• [síəriəl] _____

D 발음기호를 읽고 알맞은 단어를 보기에서 골라 써보세요.

1 [éiʒə] _____   **2** [mʌ́ndei] _____

3 [néitʃər] _____   **4** [həréi] _____

보기   hurray   Monday   Asia   nature

E 단어를 듣고 알맞은 발음기호에 번호를 쓰고 단어를 써보세요.   🎧 MP3 58

[síəriəl] _____   [néitʃər] _____

[mʌ́ndei] _____   [indjúər] _____

[həréi] _____   [pítʃər] _____

[éiʒə] _____   [tədéi] _____

UNIT 52 Word Practice

A 단어를 듣고 발음기호를 읽어 보세요.

 MP3 59

① athlete	[ǽθliːt]	운동선수	② mongoose	[máŋgùːs]	몽구스(동물)
③ challenge	[tʃǽlindʒ]	도전	④ playground	[pléigràʊnd]	운동장
⑤ English	[íŋgliʃ]	영어	⑥ toilet	[tɔ́ilit]	화장실
⑦ husband	[hʌ́zbənd]	남편	⑧ monster	[mánstər]	괴물

B 발음기호를 쓰고 세 번 큰 소리로 읽은 다음 체크하세요.

① athlete [   ] ☐☐☐   ② mongoose [   ] ☐☐☐

③ challenge [   ] ☐☐☐   ④ playground [   ] ☐☐☐

⑤ English [   ] ☐☐☐   ⑥ toilet [   ] ☐☐☐

⑦ husband [   ] ☐☐☐   ⑧ monster [   ] ☐☐☐

 **Challenge**

[bənǽnə] banana 바나나   [dipáːrtʃər] departure 출발

[riːsáikl] recycle 재활용   [záiləfòun] xylophone 실로폰

A. 1. 애*쓸리–ᵗ 2. 망구–ˢ 3. 챌린쥐 4. 플레이그라운ᵈ 5. 잉글리쉬 6. 터일릳 7. 허즈번ᵈ 8. 만스터ʳ

Challenge: 버내너 디파–ʳ쳐ʳ 뤼–싸이클 자일러*포우ᄂ

94

C 단어와 발음기호를 연결한 다음 단어를 써 보세요.

1 monster •

2 playground •

3 husband •

4 athlete •

• [ǽθliːt] _____

• [mɑ́nstər] _____

• [pléigràʊnd] _____

• [hʌ́zbənd] _____

D 발음기호를 읽고 알맞은 단어를 보기에서 골라 써보세요.

1 [mɑ́ŋgùːs] _____ **2** [tʃǽlindʒ] _____

3 [íŋgliʃ] _____ **4** [tɔ́ilit] _____

보기   English   mongoose   toilet   challenge

E 단어를 듣고 알맞은 발음기호에 번호를 쓰고 단어를 써보세요. 🎧 MP3 60

[tʃǽlindʒ] _____   [íŋgliʃ] _____

[mɑ́nstər] _____   [pléigràʊnd] _____

[mɑ́ŋgùːs] _____   [tɔ́ilit] _____

[hʌ́zbənd] _____   [ǽθliːt] _____

UNIT 53 Word Practice

A 단어를 듣고 발음기호를 읽어 보세요.

 MP3 61

❶ August	[ɔ́ːgəst]	8월		❷ napkin	[næpkin]	냅킨
❸ cheerful	[tʃíərfəl]	발랄한		❹ poison	[pɔ́izn]	독, 독약
❺ enjoy	[indʒɔ́i]	즐기다		❻ jumper	[dʒʌ́mpər]	점퍼
❼ igloo	[ígluː]	이글루		❽ morning	[mɔ́ːrniŋ]	아침

B 발음기호를 쓰고 세 번 큰 소리로 읽은 다음 체크하세요.

❶ August [   ] ☐☐☐   ❷ napkin [   ] ☐☐☐

❸ cheerful [   ] ☐☐☐   ❹ poison [   ] ☐☐☐

❺ enjoy [   ] ☐☐☐   ❻ jumper [   ] ☐☐☐

❼ igloo [   ] ☐☐☐   ❽ morning [   ] ☐☐☐

 **Challenge**

[báːrbikjùː]	barbeque	바베큐	[dífikʌlt] difficult	어려운
[háspitl]	hospital	병원	[jéstərdèi] yesterday	어제

A. 1. 어–거ˢᵗ 2. 냅킨 3. 치어ʳ*펄 4. 퍼이즌 5. 인져이 6. 점퍼ʳ 7. 이글루– 8. 머–ʳ닝

Challenge: 바–ʳ비큐– 디*피컬ᵗ 하스피틀 이에스터ʳ데이

96

C 단어와 발음기호를 연결한 다음 단어를 써 보세요.

① morning •
② enjoy •
③ napkin •
④ cheerful •

• [ʧíərfəl] _____
• [næpkin] _____
• [indʒɔ́i] _____
• [mɔ́ːrniŋ] _____

D 발음기호를 읽고 알맞은 단어를 보기에서 골라 써보세요.

① [pɔ́izn] _____
② [dʒʌ́mpər] _____
③ [ɔ́ːgəst] _____
④ [ígluː] _____

보기   igloo   jumper   poison   August

E 단어를 듣고 알맞은 발음기호에 번호를 쓰고 단어를 써보세요.   MP3 62

[ígluː] _____
[mɔ́ːrniŋ] _____
[indʒɔ́i] _____
[næpkin] _____

[ɔ́ːgəst] _____
[ʧíərfəl] _____
[dʒʌ́mpər] _____
[pɔ́izn] _____

UNIT 54 Word Practice

A 단어를 듣고 발음기호를 읽어 보세요.   MP3 63

① autumn [ɔ́ːtəm] 가을   **②** noodle [núːdl] 국수

③ chicken [tʃíkən] 닭   **④** rainbow [réinbòu] 무지개

⑤ Europe [júərəp] 유럽   **⑥** tourist [túərist] 관광객

⑦ insect [ínsekt] 곤충   **⑧** candy [kǽndi] 사탕

B 발음기호를 쓰고 세 번 큰 소리로 읽은 다음 체크하세요.

① autumn [　　　] ☐☐☐   **②** noodle [　　　] ☐☐☐

③ chicken [　　　] ☐☐☐   **④** rainbow [　　　] ☐☐☐

⑤ Europe [　　　] ☐☐☐   **⑥** tourist [　　　] ☐☐☐

⑦ insect [　　　] ☐☐☐   **⑧** candy [　　　] ☐☐☐

 **Challenge**

[ǽstrənɔ̀ːt] astronaut 우주인   [disémbər] December 12월

[hə́ːrkjulìːz] Hercules 헤라클레스   [prətékt] protect 보호하다

A. 1. 어–텀 2. 누–들 3. 취컨 4. 레인보우 5. 유어럽 6. 투어ㄹ리ᔢ트 7. 인섹ᔢ 8. 캔디

Challenge: 애ᔢ트러노–ᔢ 디쎔버ㄹ 허–ㄹ큐리–ᔢ 프러텍트

98

C 단어와 발음기호를 연결한 다음 단어를 써 보세요.

❶ autumn •   • [kǽndi] _____

❷ insect •   • [ɔ́ːtəm] _____

❸ rainbow •   • [réinbòu] _____

❹ candy •   • [ínsekt] _____

D 발음기호를 읽고 알맞은 단어를 보기에서 골라 써보세요.

❶ [júərəp] _____   ❷ [ʧíkən] _____

❸ [núːdl] _____   ❹ [túərist] _____

| 보기 | tourist | noodle | chicken | Europe |

E 단어를 듣고 알맞은 발음기호에 번호를 쓰고 단어를 써보세요.   🎧 MP3 64

☐ [réinbòu] _____   ☐ [ʧíkən] _____

☐ [ínsekt] _____   ☐ [núːdl] _____

☐ [júərəp] _____   ☐ [túərist] _____

☐ [kǽndi] _____   ☐ [ɔ́ːtəm] _____

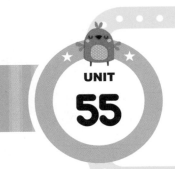

Word Practice

A 단어를 듣고 발음기호를 읽어 보세요.

 MP3 65

1 baggage [bǽgidʒ] 수하물

2 children [tʃíldrən] 아이들

3 exit [éksit] 출구

4 musical [mjúːzikəl] 뮤지컬

5 notebook [nóutbùk] 노트북

6 reindeer [réindìər] 사슴

7 uncle [ʌ́ŋkl] 삼촌

8 forest [fɔ́ːrist] 숲

B 발음기호를 쓰고 세 번 큰 소리로 읽은 다음 체크하세요.

1 baggage [   ] ☐ ☐ ☐

2 children [   ] ☐ ☐ ☐

3 exit [   ] ☐ ☐ ☐

4 musical [   ] ☐ ☐ ☐

5 notebook [   ] ☐ ☐ ☐

6 reindeer [   ] ☐ ☐ ☐

7 uncle [   ] ☐ ☐ ☐

8 forest [   ] ☐ ☐ ☐

 **Challenge**

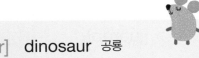

[bǽskitbɔ̀ːl] basketball 농구

[dáinəsɔ̀ːr] dinosaur 공룡

[igwáːnə] iguana 이구아나

[sikjúərəti] security 보안

A. 1. 배기쥐 2. 췰ᄃ런 3. 엑시ᵗ 4. 뮤–지컬 5. 노우ᵗ북 6. 뤠인디어ᷟ 7. 엉클 8. *퍼뤼ˢᵗ

Challenge: 배ˢ길버–ᷟ 다이너써–ᷟ 이ᄀ구와–너 씨큐어러티

C 단어와 발음기호를 연결한 다음 단어를 써 보세요.

① exit   •

② baggage •

③ musical •

④ children •

  • [tʃíldrən] _____

  • [bǽgidʒ] _____

  • [mjúːzikəl] _____

  • [éksit] _____

D 발음기호를 읽고 알맞은 단어를 보기에서 골라 써보세요.

① [réindìər] _____

② [nóutbùk] _____

③ [ʌ́ŋkl] _____

④ [fɔ́ːrist] _____

| 보기 | notebook | uncle | forest | reindeer |

E 단어를 듣고 알맞은 발음기호에 번호를 쓰고 단어를 써보세요.   🎧 MP3 66

  [éksit] _____

  [ʌ́ŋkl] _____

  [tʃíldrən] _____

  [mjúːzikəl] _____

  [nóutbùk] _____

  [fɔ́ːrist] _____

  [réindìər] _____

  [bǽgidʒ] _____

UNIT 56 Word Practice

A 단어를 듣고 발음기호를 읽어 보세요.

 MP3 67

1 balloon [bəlúːn] 풍선

2 oatmeal [óutmìl] 오트밀, 귀리

3 circus [sə́ːrkəs] 써커스

4 robot [róubət] 로봇

5 farmer [fáːrmər] 농부

6 under [ʌ́ndər] 아래에

7 invite [inváit] 초대하다

8 season [síːzn] 계절

B 발음기호를 쓰고 세 번 큰 소리로 읽은 다음 체크하세요.

1 balloon [　　　] ☐☐☐　　2 oatmeal [　　　] ☐☐☐

3 circus [　　　] ☐☐☐　　4 robot [　　　] ☐☐☐

5 farmer [　　　] ☐☐☐　　6 under [　　　] ☐☐☐

7 invite [　　　] ☐☐☐　　8 season [　　　] ☐☐☐

 Challenge

[bjúːtəfəl] beautiful 아름다운　　[éləvèitər] elevator 엘리베이터

[imǽdʒin] imagine 상상하다　　[spəgéti] spaghetti 스파게티

A. 1. 벌루―운 2. 오우ᵗ밀 3. 써커ˢ 4. 로우버ᵗ 5. *파ᵣ머ᵣ 6. 언더ᵣ 7. 인*봐이ᵗ 8. 씨―즌
Challenge: 뷰우―터*펄 엘러*붸이터ᵣ 이매쥔 스퍼게티

C 단어와 발음기호를 연결한 다음 단어를 써 보세요.

① season •

② invite •

③ robot •

④ under •

• [inváit] _____

• [síːzn] _____

• [ʌ́ndər] _____

• [róubət] _____

D 발음기호를 읽고 알맞은 단어를 보기에서 골라 써보세요.

① [sə́ːrkəs] _____

② [bəlúːn] _____

③ [óutmìl] _____

④ [fáːrmər] _____

보기 balloon farmer oatmeal circus

E 단어를 듣고 알맞은 발음기호에 번호를 쓰고 단어를 써보세요. MP3 68

[fáːrmər] _____

[inváit] _____

[róubət] _____

[bəlúːn] _____

[sə́ːrkəs] _____

[óutmìl] _____

[ʌ́ndər] _____

[síːzn] _____

UNIT 57

Word Practice

A 단어를 듣고 발음기호를 읽어 보세요. 　　　　　 MP3 69

1 bathroom　[bǽθrʊːm]　욕실　　**2** office　[ɔ́fis]　사무실

3 closet　[klɑ́zit]　벽장　　**4** safety　[séifti]　안전

5 female　[fíːmeil]　여성　　**6** unite　[juːnáit]　연합하다

7 iron　[áiərn]　다리미　　**8** cookie　[kúki]　쿠키

B 발음기호를 쓰고 세 번 큰 소리로 읽은 다음 체크하세요.

1 bathroom　[　　　]　☐☐☐　　**2** office　[　　　]　☐☐☐

3 closet　[　　　]　☐☐☐　　**4** safety　[　　　]　☐☐☐

5 female　[　　　]　☐☐☐　　**6** unite　[　　　]　☐☐☐

7 iron　[　　　]　☐☐☐　　**8** cookie　[　　　]　☐☐☐

 **Challenge**

[bilɔ́ːŋiŋ]　belonging　재산　　[ilévən]　eleven　(십일) 11

[kíləgræm]　kilogram　킬로그램　　[sʌbməríːn]　submarine　잠수함

A. 1. 배*쓰루-움 2. 어-*피ㅆ 3. 클라지ㅌ 4. 쎄이*프티 5. *피-메일 6. 이유-나이ㅌ 7. 아이어ㄹ언 8. 쿠키
Challenge: 빌렁-잉 일레*번 킬러그램 썹머뤼-인

104

C 단어와 발음기호를 연결한 다음 단어를 써 보세요.

❶ closet •   • [juːnáit] _____

❷ iron •   • [áiərn] _____

❸ unite •   • [klázit] _____

❹ cookie •   • [kúki] _____

D 발음기호를 읽고 알맞은 단어를 보기에서 골라 써보세요.

❶ [ɔ́ːfis] _____   ❷ [séifti] _____

❸ [bǽθrʊːm] _____   ❹ [fíːmeil] _____

보기	bathroom	office	safety	female

E 단어를 듣고 알맞은 발음기호에 번호를 쓰고 단어를 써보세요.   🎧 MP3 70

[bǽθrʊːm] _____   [fíːmeil] _____

[áiərn] _____   [ɔ́ːfis] _____

[kúki] _____   [séifti] _____

[juːnáit] _____   [klázit] _____

UNIT 58 Word Practice

A 단어를 듣고 발음기호를 읽어 보세요.

 MP3 71

1 beaver　　[bíːvər]　　비버

2 olive　　[áːliv]　　올리브

3 clothing　　[klóuðiŋ]　　옷

4 scissors　　[sízərz]　　가위

5 finger　　[fíŋgər]　　손가락

6 upstairs　　[ʌpstɛ́ərz]　　위층으로

7 island　　[áilənd]　　섬

8 turkey　　[tə́ːrki]　　칠면조

B 발음기호를 쓰고 세 번 큰 소리로 읽은 다음 체크하세요.

1 beaver　[　　　]　☐☐☐

2 olive　[　　　]　☐☐☐

3 clothing　[　　　]　☐☐☐

4 scissors　[　　　]　☐☐☐

5 finger　[　　　]　☐☐☐

6 upstairs　[　　　]　☐☐☐

7 island　[　　　]　☐☐☐

8 turkey　[　　　]　☐☐☐

 **Challenge**

[bévəridʒ]　beverage 음료　　　[iméːrdʒənsi]　emergency 비상상황

[léidibʌg]　ladybug 무당벌레　　　[súːpərmæn]　superman 슈퍼맨

A. 1. 비-*버ㄹ 2. 알-리*ㅂ 3. 클로우*딩 4. 씨저ㅈ 5. *핑거ㄹ 6. 업쓰떼어ㄹ즈 7. 아이런ㄷ 8. 터-ㄹ키

Challenge: 베*버뤼쥐 이머-ㄹ전씨 레이디벅 수-퍼ㄹ맨

C 단어와 발음기호를 연결한 다음 단어를 써 보세요.

1 clothing •   • [ɑ́ːliv] _____

2 olive •   • [klóuðiŋ] _____

3 scissors •   • [sízərz] _____

4 upstairs •   • [ʌpstɛ́ərz] _____

D 발음기호를 읽고 알맞은 단어를 보기에서 골라 써보세요.

1 [fíŋgər] _____   2 [bíːvər] _____

3 [tə́ːrki] _____   4 [áilənd] _____

보기	turkey	beaver	finger	island

E 단어를 듣고 알맞은 발음기호에 번호를 쓰고 단어를 써보세요.   🎧 MP3 72

[klóuðiŋ] _____   [ɑ́ːliv] _____

[bíːvər] _____   [sízərz] _____

[áilənd] _____   [ʌpstɛ́ərz] _____

[fíŋgər] _____   [tə́ːrki] _____

Word Practice

A 단어를 듣고 발음기호를 읽어 보세요.

 MP3 73

1 bedroom [bédrùːm] 침실   **2** outside [áʊtsàid] 바깥쪽

3 unicorn [júːnəkɔ̀ːrn] 유니콘   **4** shampoo [ʃæmpúː] 샴푸

5 football [fútbɔ̀ːl] 축구   **6** venue [vénjuː] 장소

7 jewel [dʒúːəl] 보석   **8** ginger [dʒíndʒər] 생강

B 발음기호를 쓰고 세 번 큰 소리로 읽은 다음 체크하세요.

1 bedroom [   ] ☐ ☐ ☐   **2** outside [   ] ☐ ☐ ☐

3 unicorn [   ] ☐ ☐ ☐   **4** shampoo [   ] ☐ ☐ ☐

5 football [   ] ☐ ☐ ☐   **6** venue [   ] ☐ ☐ ☐

7 jewel [   ] ☐ ☐ ☐   **8** ginger [   ] ☐ ☐ ☐

 **Challenge**

[bʌ́ŋgəlòu] bungalow 방갈로   [éksərsàiz] exercise 운동

[láifbòut] lifeboat 구조선   [téləfòun] telephone 전화

A. 1. 베ᄃ루ᅳ움 2. 아웉싸이ᄃ 3. 유ᅳ너커ᅳᄂ 4. 샴푸ᅳ 5. *풑보ᅳ올 6. *벤유ᅳ 7. 주ᅳ얼 8. 진줘ᄅ

Challenge: 벙갈로우 엑써ᄅ싸이ᄌ 라이*프보웉 텔러*포운

C 단어와 발음기호를 연결한 다음 단어를 써 보세요.

1 bedroom •   • [bédrùːm] _____

2 ginger •   • [fútbɔːl] _____

3 football •   • [dʒíndʒər] _____

4 unicorn •   • [júːnəkɔ̀ːrn] _____

D 발음기호를 읽고 알맞은 단어를 보기에서 골라 써보세요.

1 [vénjuː] _____   2 [dʒúːəl] _____

3 [áʊtsàid] _____   4 [ʃæmpúː] _____

보기   shampoo   venue   jewel   outside

E 단어를 듣고 알맞은 발음기호에 번호를 쓰고 단어를 써보세요.   MP3 74

[fútbɔːl] _____   [júːnəkɔ̀ːrn] _____

[bédrùːm] _____   [áʊtsàid] _____

[dʒúːəl] _____   [dʒíndʒər] _____

[ʃæmpúː] _____   [vénjuː] _____

UNIT 60

Word Practice

A 단어를 듣고 발음기호를 읽어 보세요.

MP3 75

❶ beehive	[bíːhàiv]	벌집	❷ oyster	[ɔ́istər]	굴
❸ cowboy	[káubɔ̀i]	카우보이	❹ shoulder	[ʃóuldər]	어깨
❺ fountain	[fáʊntən]	분수	❻ warning	[wɔ́ːrniŋ]	경고
❼ kitchen	[kíʧən]	부엌	❽ student	[stjuːdnt]	학생

B 발음기호를 쓰고 세 번 큰 소리로 읽은 다음 체크하세요.

❶ beehive	[ ]	☐ ☐ ☐	❷ oyster	[ ]	☐ ☐ ☐
❸ cowboy	[ ]	☐ ☐ ☐	❹ shoulder	[ ]	☐ ☐ ☐
❺ fountain	[ ]	☐ ☐ ☐	❻ warning	[ ]	☐ ☐ ☐
❼ kitchen	[ ]	☐ ☐ ☐	❽ student	[ ]	☐ ☐ ☐

Challenge

[kǽməflɑ̀ːʒ] camouflage 위장, 속임수 [fǽktəri] factory 공장

[lʌləbài] lullaby 자장가 [θérəpi] therapy 치료, 요법

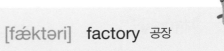

A. 1. 비–하이*ㅂ 2. 어이스터ㄹ 3. 카우보이 4. 쇼울더ㄹ 5. *파운턴 6. 워–ㄹ닝 7. 키췬 8. 스튜–든ㅌ

Challenge: 캐머*플라–쥐 *팩터뤼 럴러바이 *쌔러피

C 단어와 발음기호를 연결한 다음 단어를 써 보세요.

1 cowboy •   • [káubɔ̀i] _____

2 beehive •   • [ɔ́istər] _____

3 fountain •   • [fáʊntən] _____

4 oyster •   • [bíːhàiv] _____

D 발음기호를 읽고 알맞은 단어를 보기에서 골라 써보세요.

1 [kítʃən] _____   **2** [ʃóuldər] _____

3 [stjuːdnt] _____   **4** [wɔ́ːrniŋ] _____

보기   shoulder   warning   student   kitchen

E 단어를 듣고 알맞은 발음기호에 번호를 쓰고 단어를 써보세요.   MP3 76

[ɔ́istər] _____   [káubɔ̀i] _____

[kítʃən] _____   [fáʊntən] _____

[ʃóuldər] _____   [wɔ́ːrniŋ] _____

[stjuːdnt] _____   [bíːhàiv] _____

UNIT 61

Word Practice

A 단어를 듣고 발음기호를 읽어 보세요.

MP3 77

❶ believe	[bilíːv]	믿다	❷ pancake	[pǽnkèik]	팬케이크
❸ cupboard	[kʌ́bərd]	찬장	❹ shower	[ʃáʊər]	샤워
❺ freedom	[fríːdəm]	자유	❻ Wednesday	[wénzdei]	수요일
❼ laptop	[lǽptàp]	노트북	❽ dragon	[drǽgən]	용

B 발음기호를 쓰고 세 번 큰 소리로 읽은 다음 체크하세요.

❶ believe	[ ]	☐ ☐ ☐	❷ pancake	[ ]	☐ ☐ ☐
❸ cupboard	[ ]	☐ ☐ ☐	❹ shower	[ ]	☐ ☐ ☐
❺ freedom	[ ]	☐ ☐ ☐	❻ Wednesday	[ ]	☐ ☐ ☐
❼ laptop	[ ]	☐ ☐ ☐	❽ dragon	[ ]	☐ ☐ ☐

Challenge

[kǽnədə] Canada 캐나다 [fǽməli] family 가족

[mǽrəθàn] marathon 마라톤 [θə́ːrməstæt] thermostat 온도 조절 장치

A. 1. 빌리–*브 2. 팬케잌 3. 커보ㄹ드 4. 샤우어ㄹ 5. *프뤼–덤 6. 웬ㅈ데이 7. 랲탚 8. 드래건

Challenge: 캐너더 *패멀리 매러*싼 *써–ㄹ머ㅅ탤

C 단어와 발음기호를 연결한 다음 단어를 써 보세요.

1 shower   •

2 pancake   •

3 Wednesday •

4 dragon   •

  • [ʃáʊər] _____

  • [drǽgən] _____

  • [wénzdei] _____

  • [pǽnkèik] _____

D 발음기호를 읽고 알맞은 단어를 보기에서 골라 써보세요.

1 [bilíːv] _____

2 [kʌ́bərd] _____

3 [fríːdəm] _____

4 [lǽptàp] _____

| 보기 | believe | cupboard | laptop | freedom |

E 단어를 듣고 알맞은 발음기호에 번호를 쓰고 단어를 써보세요.   🎧 MP3 78

☐ [drǽgən] _____

☐ [kʌ́bərd] _____

☐ [pǽnkèik] _____

☐ [lǽptàp] _____

☐ [bilíːv] _____

☐ [ʃáʊər] _____

☐ [fríːdəm] _____

☐ [wénzdei] _____

UNIT 62

Word Practice

A 단어를 듣고 발음기호를 읽어 보세요.

MP3 79

① birthday	[bə́:rθdèi]	생일	② paper	[péipər]	종이
③ cushion	[kúʃn]	쿠션	④ sister	[sístər]	여동생
⑤ gadget	[gǽdʒit]	도구	⑥ wizard	[wízərd]	마법사
⑦ leather	[léðər]	가죽	⑧ building	[bíldiŋ]	건물

B 발음기호를 쓰고 세 번 큰 소리로 읽은 다음 체크하세요.

① birthday	[ ]	☐ ☐ ☐	② paper	[ ]	☐ ☐ ☐
③ cushion	[ ]	☐ ☐ ☐	④ sister	[ ]	☐ ☐ ☐
⑤ gadget	[ ]	☐ ☐ ☐	⑥ wizard	[ ]	☐ ☐ ☐
⑦ leather	[ ]	☐ ☐ ☐	⑧ building	[ ]	☐ ☐ ☐

Challenge

[kǽʒuəl] casual 평상복 [fæntǽstik] fantastic 환상적인

[méməri] memory 기억 [təméitou] tomato 토마토

A. 1. 버–ㄹ쓰데이 2. 페이퍼ㄹ 3. 쿠션 4. 씨스터ㄹ 5. 개쥘 6. 위저ㄹ드 7. 레*더ㄹ 8. 빌딩

Challenge: 캐쥬얼 *팬태ㅅ틱 메머뤼 터메이토우

C 단어와 발음기호를 연결한 다음 단어를 써 보세요.

1 paper •   • [léðər] _____

2 leather •   • [péipər] _____

3 sister •   • [sístər] _____

4 wizard •   • [wízərd] _____

D 발음기호를 읽고 알맞은 단어를 보기에서 골라 써보세요.

1 [gǽdʒit] _____   **2** [bə́ːrθdèi] _____

3 [bíldiŋ] _____   **4** [kúʃn] _____

| 보기 | cushion | building | birthday | gadget |

E 단어를 듣고 알맞은 발음기호에 번호를 쓰고 단어를 써보세요.   🎧 MP3 80

☐ [kúʃn] _____   ☐ [bə́ːrθdèi] _____

☐ [péipər] _____   ☐ [sístər] _____

☐ [wízərd] _____   ☐ [gǽdʒit] _____

☐ [léðər] _____   ☐ [bíldiŋ] _____

UNIT 63 Word Practice

A 단어를 듣고 발음기호를 읽어 보세요.   MP3 81

1 body [bádi] 몸   **2** parent [pέərənt] 부모

3 danger [déindʒər] 위험   **4** sixteen [sìkstíːn] 열 여섯

5 garden [gáːrdn] 정원   **6** woman [wúmən] 성인 여자

7 lemon [lémən] 레몬   **8** donkey [dáŋki] 당나귀

B 발음기호를 쓰고 세 번 큰 소리로 읽은 다음 체크하세요.

1 body [　　　　] ☐☐☐   **2** parent [　　　　] ☐☐☐

3 danger [　　　　] ☐☐☐   **4** sixteen [　　　　] ☐☐☐

5 garden [　　　　] ☐☐☐   **6** woman [　　　　] ☐☐☐

7 lemon [　　　　] ☐☐☐   **8** donkey [　　　　] ☐☐☐

 **Challenge**

[kǽtəlɔ̀g] catalogue 목록   [fɔ́ːrənər] foreigner 외국인

[mìljənέər] millionaire 백만장자   [təmɔ́ːrou] tomorrow 내일

A. 1. 바디 2. 페어런ᵗ 3. 데인져ᵣ 4. 씩ˢ티–인 5. 가–ᵣ든 6. 워먼 7. 레먼 8. 당키

Challenge: 캐털로ᵍ *포–러너ᵣ 밀리어네어ᵣ 터모–로우

116

C 단어와 발음기호를 연결한 다음 단어를 써 보세요.

① sixteen •　　　　　　　　　• [dáŋki] _____

② body •　　　　　　　　　• [bádi] _____

③ lemon •　　　　　　　　　• [lémən] _____

④ donkey •　　　　　　　　　• [sìkstíːn] _____

D 발음기호를 읽고 알맞은 단어를 보기에서 골라 써보세요.

① [gáːrdn] _____　　② [wúmən] _____

③ [pέərənt] _____　　④ [déindʒər] _____

| 보기 | danger | parent | garden | woman |

E 단어를 듣고 알맞은 발음기호에 번호를 쓰고 단어를 써보세요.　🎧 MP3 82

☐ [pέərənt] _____　　☐ [sìkstíːn] _____

☐ [wúmən] _____　　☐ [gáːrdn] _____

☐ [bádi] _____　　☐ [dáŋki] _____

☐ [lémən] _____　　☐ [déindʒər] _____

UNIT 64 — Word Practice

A 단어를 듣고 발음기호를 읽어 보세요.

 MP3 83

❶ breakfast	[brékfəst]	아침식사	❷ pasta	[páːstə]	파스타
❸ daughter	[dɔ́ːtər]	딸	❹ subway	[sʌ́bwèi]	지하철
❺ garlic	[gáːrlik]	마늘	❻ yellow	[jélou]	노란색
❼ lighthouse	[láithàus]	등대	❽ window	[wíndou]	창문

B 발음기호를 쓰고 세 번 큰 소리로 읽은 다음 체크하세요.

❶ breakfast [　　　] ☐☐☐　❷ pasta [　　　] ☐☐☐

❸ daughter [　　　] ☐☐☐　❹ subway [　　　] ☐☐☐

❺ garlic [　　　] ☐☐☐　❻ yellow [　　　] ☐☐☐

❼ lighthouse [　　　] ☐☐☐　❽ window [　　　] ☐☐☐

 Challenge

[séləbrèit] celebrate 기념하다 　　 [gáːrbidʒ] garbage 쓰레기

[mʌ́ltəplài] multiply 곱하다 　　 [tréʒər] treasure 보물

A. 1. 브뤠ᵏ*퍼ᄉ트 2. 파–쓰터 3. 도–터–ᄅ 4. 써ᵇ웨이 5. 가–ᄅ릭 6. 옐로우 7. 라잍하우ᄊ 8.윈도우

Challenge: 쎌러브뤠잍 가–ᄅ비쮜 멀터플라이 트뤠줘ᄅ

C 단어와 발음기호를 연결한 다음 단어를 써 보세요.

➊ breakfast •   • [brékfəst] _____

➋ yellow •   • [wíndou] _____

➌ window •   • [jélou] _____

➍ pasta •   • [páːstə] _____

D 발음기호를 읽고 알맞은 단어를 보기에서 골라 써보세요.

➊ [sʌbwèi] _____   ➋ [dɔ́ːtər] _____

➌ [gáːrlik] _____   ➍ [láithàus] _____

보기	garlic	lighthouse	daughter	subway

E 단어를 듣고 알맞은 발음기호에 번호를 쓰고 단어를 써보세요. MP3 84

☐ [brékfəst] _____   ☐ [dɔ́ːtər] _____

☐ [páːstə] _____   ☐ [láithàus] _____

☐ [gáːrlik] _____   ☐ [wíndou] _____

☐ [jélou] _____   ☐ [sʌbwèi] _____

Part

03

문장을
연습해요!

❶ Rain, rain, go away 🎧 MP3 85

Rain, rain, go away
[rein rein gou əwéi]
비야, 비야, 가거라.

Come again another day
[kʌm əgén ənʌ́ðər dei]
다른 날에 다시 오거라.

Little Sally wants to play
[lítl sǽli wants tu plei]
어린 샐리는 놀고 싶단다.

Rain, rain, go away.
[rein rein gou əwéi]
비야, 비야, 가거라.

❷ She sells sea shells 🎧 MP3 86

She sells sea shells by the sea shore.

[ʃiː sels siː ʃels bai ðə siːʃɔːr]

그녀는 해변가에서 바다 조개를 팔아요.

The shells she sells are surely seashells.

[ðə ʃels ʃiː sels ər ʃúərli síʃels]

그녀가 파는 조개들은 진짜 조개들이예요.

So if she sells shells on the seashore,

[sou if ʃiː sels ʃels ən ðə siːʃɔːr]

그래서 그녀가 만약 바닷가에서 조개를 판다면,

I'm sure she sells seashore shells.

[áim ʃuər ʃiː sels siːʃɔːrʃels]

나는 그녀가 바닷가 조개를 판다고 확신해요.

Poems 3, 4! Read the Sentences!

발음기호를 보고 천천히 문장을 읽어 보세요.

❸ Humpty Dumpty 🎧 MP3 87

Humpty Dumpty sat on a wall,
[hʌ́mpti dʌ́mpti sæt ən ə wɔːl]
험티 덤티가 벽에 앉았어요.

Humpty Dumpty had a great fall;
[hʌ́mpti dʌ́mpti hæd ə greit fɔːl]
험티 덤티는 크게 떨어졌어요.

All the king's horses and all the king's men
[ɔːl ðə kiŋs hɔːrsis ənd ɔːl ðə kiŋs men]
모든 왕의 말과 신하들도

Couldn't put Humpty together again.
[kúdnt put hʌ́mpti təgéðər əgén]
험티를 다시 올릴 수는 없었어요.

❹ Hey diddle, diddle 🎧 MP3 88

Hey diddle diddle,
[hei dídl dídl]
헤이, 디들 디들,

The cat and the fiddle,
[ðə cæt ənd ðə fídl]
고양이와 바이올린,

The cow jumped over the moon,
[ðə kau dʒʌmpt óuvər ðə muːn]
소는 달을 뛰어 넘었어요.

The little dog laughed to see such fun,
[ðə lítl dɔːg læft tu siː sətʃ fʌn]
작은 강아지는 그런 재미있는 광경을 보고 웃었어요.

And the dish ran away with the spoon.
[ənd ðə diʃ ræn əwéi wíð ðə spuːn]
그리고 접시는 숟가락과 달아 났어요.

Aesop Fables 1, 2! Read the Sentences!

발음기호를 보고 천천히 문장을 읽어 보세요.

❶ The hare and the tortoise

Once upon a time, there was a hare.
[wʌns əpán ə taim ðɛ́ər wəz ə hɛər]
옛날 옛날에 토끼가 있었어요.

The hare saw a tortoise.
[ðə hɛər sɔː ə tɔ́ːrtəs]
토끼는 거북이를 보았어요.

The tortoise was walking slowly.
[ðə tɔ́ːrtəs wəz wɔ́ːkiŋ slóuli]
거북이는 아주 천천히 걸어가고 있었어요.

He had a heavy shell on his back.
[hi həd ə hévi ʃel ən hiz bæk]
그는 무거운 등껍질을 등에 지고 있었어요.

The hare laughed at the tortoise.
[ðə hɛər læft ət ðə tɔ́ːrtəs]
토끼가 거북이를 비웃었어요.

The tortoise challenged the hare to a race.
[ðə tɔ́ːrtəs tʃǽləndʒd ðə hɛər tu ə reis]
거북이는 토끼에게 경주를 하자고 도전했어요.

"Shall we have a race?"
[ʃəl wi həv ə reis]
"우리 경주 한 번 해볼까?"

The hare went ahead at first.
[ðə hɛər went əhéd ət fəːrst]
처음에 토끼가 앞서 나갔어요.

He rested and slept in the middle of the race.
[hi réstid ənd slept in ðə mídl əv ðə reis]
토끼는 경기 도중에 쉬다가 잠이 들었어요.

However, the tortoise walked slowly and steadily.
[hauévər ðə tɔ́ːrtəs wɔːkt slóuli ənd stédili]
하지만 거북이는 천천히 꾸준히 걸어갔어요.

The tortoise finally won the race.
[ðə tɔ́ːrtəs fáinəli wʌn ðə reis]
마지막에 거북이가 경기에 이겼어요.

126

❷ The dog and his reflection  🎧 MP3 90

A dog was walking home.

[ə dɔːg wəz wɔ́ːkiŋ houm]

개 한 마리가 집으로 걸어가고 있었어요.

He had a large slab of meat in his mouth.

[hi həd ə laːrdʒ slæb əv miːt in hiz mauθ]

그는 큰 고기 조각을 입에 물고 있었죠.

On his way home, he walked by a river.

[an hiz wei houm hi wɔːkt bai ə rívər]

집으로 가는 길에 강가를 지나가게 되었어요.

Looking in the river, he saw another dog.

[lúkiŋ in ðə rívər hi sɔː ənʌ́ðər dɔːg]

강물 속에 또다른 개가 있었어요.

The dog had a handsome chunk of meat in his mouth.

[ðə dɔːg hæd ə hǽnsəm tʃʌ́ŋk əv miːt in hiz mauθ]

그 개도 입 속에 먹음직스러운 고기 조각을 물고 있는 게 보였어요.

"I want that meat, too," thought the dog.

[ai wɔːnt ðæt miːt tuː θɔːt ðə dɔːg]

"저 고기도 먹어야겠다." 개는 생각했어요.

And he snapped at the dog to grab his meat.

[ənd hi snæpt ət ðə dɔːg tu græb hiz miːt]

그리고 입에 고기를 물고 있는 개에게 덤벼들었어요.

It caused him to drop his dinner in the river.

[it kɔːzd him tu drap hiz dínər in ðə rívər]

그는 강 속에 저녁거리를 그만 빠트리고 말았어요.

정답

UNIT 01　hot → [h a t] | mom → [m a m] | pop → [p a p] | hop → [h a p]

UNIT 02　pet → [p e t] | egg → [e g] | hen → [h e n] | ten → [t e n]

UNIT 03　pin → [p i n] | bill → [b i l] | hit → [h i t] | fin → [f i n]

UNIT 04　sun → [s ʌ n] | cut → [k ʌ t] | duck → [d ʌ k] | gum → [g ʌ m]

UNIT 05　ant → [æ nt] | sad → [s æ d] | map → [m æ p] | apple → [æ pl]

UNIT 06　sofa → [sóuf ə] | alone → [ə lóun] | pizza → [píːts ə] | carrot → [kǽr ə t]

UNIT 07　wolf → [w u lf] | look → [l u k] | cook → [k u k] | book → [b u k]

UNIT 08　large → [l aː rdʒ] | Mars → [M aː rz] | park → [p aː rk] | scarf → [sk aː rf]

UNIT 09　hurt → [h əː rt] | learn → [l əː rn] | dirty → [d əː rti] | turlte → [t əː rtl]

UNIT 10　seat → [s iː t] | meat → [m iː t] | sheep → [ʃ iː p] | key → [k iː]

UNIT 11　sauce → [s ɔː s] | saw → [s ɔː] | draw → [dr ɔ] | talk → [t ɔː k]

UNIT 12 group → [gru:p] | cube → [kju:b] | moon → [mu:n] | pool → [pu:l]

UNIT 13 ice → [ais] | knife → [naif] | buy → [bai] | pie → [pai]

UNIT 14 cloud → [klaud] | down → [daun] | brown → [braun] | owl → [aul]

UNIT 15 lake → [leik] | taste → [teist] | rain → [rein] | clay → [klei]

UNIT 16 fare → [fɛər] | bear → [bɛər] | there → [ðɛər] | wear → [wɛər]

UNIT 17 bowl → [boul] | gold → [gould] | toe → [tou] | bone → [boun]

UNIT 18 noise → [nɔiz] | coin → [kɔin] | toy → [tɔi] | boy → [bɔi]

UNIT 19 year → [jiər] | here → [hiər] | beard → [biərd] | fear → [fiər]

UNIT 20 pure → [pjuər] | poor → [puər] | cure → [kjuər] | sour → [sauər]

UNIT 21 lamp → [læmp] | ape → [eip] | pork → [pɔːrk] | mop → [map]

UNIT 22 pot → [pat] | tall → [tɔːl] | time → [taim] | paint → [peint]

UNIT 23
check → [ʧ ek] | cheese → [ʧ iːz] | lunch → [lʌn ʧ] | punch → [pʌn ʧ]

UNIT 24
kid → [k id] | cake → [k eik] | sick → [si k] | back → [bæ k]

UNIT 25
face → [f eis] | fork → [f ɔːrk] | chef → [ʃe f] | shelf → [ʃel f]

UNIT 26
think → [θ iŋk] | throw → [θ rou] | both → [bou θ] | math → [mæ θ]

UNIT 27
star → [s taːr] | mouse → [mau s] | choice → [ʧɔi s] | case → [kei s]

UNIT 28
she → [ʃ iː] | show → [ʃ ou] | slush → [slu ʃ] | brush → [brʌ ʃ]

UNIT 29
blue → [b luː] | bean → [b iːn] | job → [dʒa b] | cub → [kʌ b]

UNIT 30
desk → [d esk] | spend → [spen d] | dice → [d ais] | world → [wəːrl d]

UNIT 31
page → [pei dʒ] | jail → [dʒ eil] | joke → [dʒ ouk] | edge → [e dʒ]

UNIT 32
big → [bi g] | grass → [g ræs] | girl → [g əːrl] | pig → [pi g]

UNIT 33
voice → [v ɔɪs] | vote → [v out] | serve → [səːr v] | curve → [kəːr v]

UNIT 34 they → [<u>ð</u>ei] | breathe → [bri: <u>ð</u>] | bathe → [bei <u>ð</u>] | smooth → [smu: <u>ð</u>]

UNIT 35 prize → [prai <u>z</u>] | zip → [<u>z</u> ip] | zone → [<u>z</u> oun] | size → [sai <u>z</u>]

UNIT 36 beige → [bei <u>ʒ</u>] | pleasure → [plé <u>ʒ</u> ər] | version → [vé:r <u>ʒ</u> ən] | leisure → [lí: <u>ʒ</u> ər]

UNIT 37 many → [<u>m</u> éni] | make → [<u>m</u> eik] | room → [ru: <u>m</u>] | swim → [swi <u>m</u>]

UNIT 38 town → [tau <u>n</u>] | neck → [<u>n</u> ek] | net → [<u>n</u> et] | pond → [pa <u>n</u> d]

UNIT 39 long → [lɔ: <u>ŋ</u>] | ring → [ri <u>ŋ</u>] | song → [sɔ: <u>ŋ</u>] | spring → [spri <u>ŋ</u>]

UNIT 40 hand → [<u>h</u> ænd] | house → [<u>h</u> aus] | hair → [<u>h</u> ɛər] | hole → [<u>h</u> oul]

UNIT 41 well → [we <u>l</u>] | life → [<u>l</u> aif] | love → [<u>l</u> ʌv] | school → [sku: <u>l</u>]

UNIT 42 rich → [<u>r</u> itʃ] | rug → [<u>r</u> ʌg] | grade → [g <u>r</u> eid] | price → [p <u>r</u> ais]

UNIT 43 wood → [<u>w</u> ud] | wife → [<u>w</u> aif] | wine → [<u>w</u> ain] | witch → [<u>w</u> itʃ]

UNIT 44 use → [<u>j</u> u:z] | yam → [<u>j</u> æm] | year → [<u>j</u> iər] | yell → [<u>j</u> el]

Review 정답

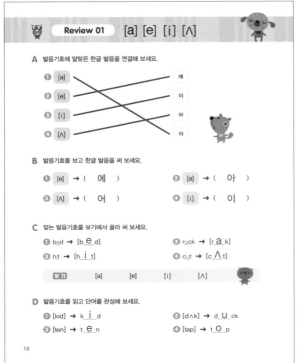

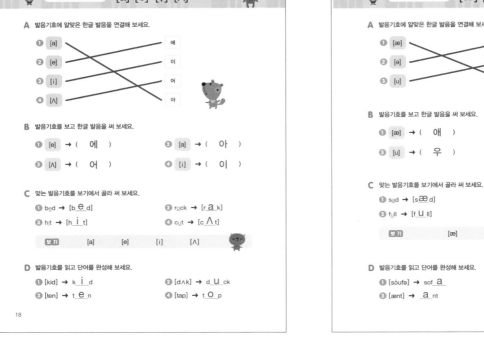

Review 01 [a] [e] [i] [ʌ]

A 발음기호에 알맞은 한글 발음을 연결해 보세요.

1 [a] — 아
2 [e] — 에
3 [i] — 이
4 [ʌ] — 어

B 발음기호를 보고 한글 발음을 써 보세요.

1 [e] → (에)   2 [a] → (아)
3 [ʌ] → (어)   4 [i] → (이)

C 맞는 발음기호를 보기에서 골라 써 보세요.

1 bed → [b e d]   2 rock → [r a k]
3 hit → [h i t]   4 cut → [c ʌ t]

보기   [a] [e] [i] [ʌ]

D 발음기호를 읽고 단어를 완성해 보세요.

1 [kid] → k i d   2 [dʌk] → d u ck
3 [ten] → t e n   4 [tap] → t a p

18

Review 02 [æ] [ə] [u]

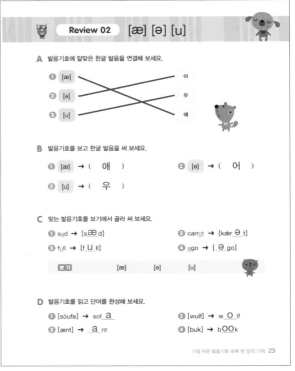

A 발음기호에 알맞은 한글 발음을 연결해 보세요.

1 [æ] — 애
2 [ə] — 어
3 [u] — 우

B 발음기호를 보고 한글 발음을 써 보세요.

1 [æ] → (애)   2 [ə] → (어)
3 [u] → (우)

C 맞는 발음기호를 보기에서 골라 써 보세요.

1 sad → [s æ d]   2 carrot → [kær ə t]
3 full → [f u ll]   4 ago → [ə go]

보기   [æ] [ə] [u]

D 발음기호를 읽고 단어를 완성해 보세요.

1 [soufə] → sof a   2 [wulf] → w o lf
3 [ænt] → a nt   4 [buk] → b oo k

가장 쉬운 발음기호 하루 한 장의 기적 23

Review 03 [aː] [əː] [iː]

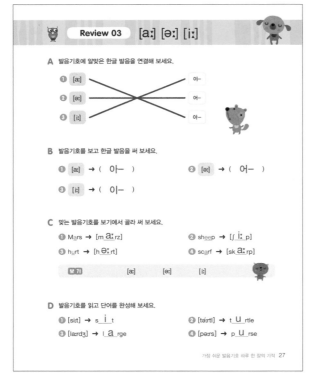

A 발음기호에 알맞은 한글 발음을 연결해 보세요.

1 [aː] — 아—
2 [əː] — 어—
3 [iː] — 이—

B 발음기호를 보고 한글 발음을 써 보세요.

1 [aː] → (아—)   2 [əː] → (어—)
3 [iː] → (이—)

C 맞는 발음기호를 보기에서 골라 써 보세요.

1 Mars → [m aː rz]   2 sheep → [ʃ iː p]
3 hurt → [h əː rt]   4 scarf → [sk aː rp]

보기   [aː] [əː] [iː]

D 발음기호를 읽고 단어를 완성해 보세요.

1 [siːt] → s i t   2 [təːrtl] → t u rtle
3 [laːrdʒ] → l a rge   4 [pəːrs] → p u rse

가장 쉬운 발음기호 하루 한 장의 기적 27

Review 04 [ɔː] [uː]

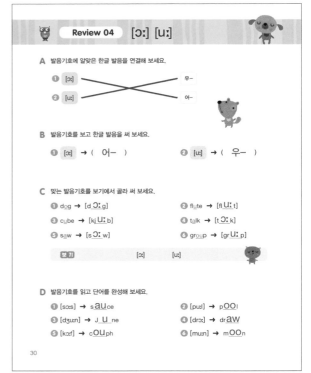

A 발음기호에 알맞은 한글 발음을 연결해 보세요.

1 [ɔː] — 우—
2 [uː] — 어—

B 발음기호를 보고 한글 발음을 써 보세요.

1 [ɔː] → (어—)   2 [uː] → (우—)

C 맞는 발음기호를 보기에서 골라 써 보세요.

1 dog → [d ɔː g]   2 flute → [fl uː t]
3 cube → [kj uː b]   4 talk → [t ɔː k]
5 saw → [s ɔː w]   6 group → [gr uː p]

보기   [ɔː] [uː]

D 발음기호를 읽고 단어를 완성해 보세요.

1 [sɔːs] → s au ce   2 [puːl] → p oo l
3 [dʒuːn] → J u ne   4 [drɔː] → dr aw
5 [kɔːf] → c ou gh   6 [muːn] → m oo n

30

134

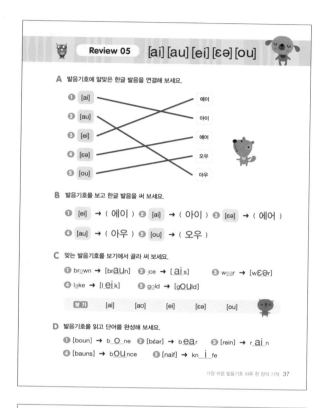

Review 05 [ai] [au] [ei] [ɛə] [ou]

A 발음기호에 알맞은 한글 발음을 연결해 보세요.

① [ai]
② [au]
③ [ei]
④ [ɛə]
⑤ [ou]

에이
아이
에어
오우
아우

B 발음기호를 보고 한글 발음을 써 보세요.

① [ei] → (에이) ② [ai] → (아이) ③ [ɛə] → (에어)

④ [au] → (아우) ⑤ [ou] → (오우)

C 맞는 발음기호를 보기에서 골라 써 보세요.

① brown → [braun] ② ice → [ais] ③ wear → [wɛər]

④ lake → [leik] ⑤ gold → [gould]

보기   [ai]   [au]   [ei]   [ɛə]   [ou]

D 발음기호를 읽고 단어를 완성해 보세요.

① [boun] → b o ne ② [bɛər] → b ea r ③ [rein] → r ai n

④ [bauns] → b ou nce ⑤ [naif] → kn i fe

가장 쉬운 발음기호 하루 한 장의 기적 37

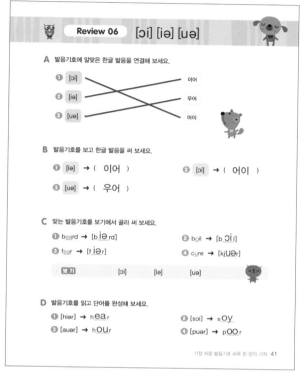

Review 06 [ɔi] [iə] [uə]

A 발음기호에 알맞은 한글 발음을 연결해 보세요.

① [ɔi]
② [iə]
③ [uə]

이어
우어
어이

B 발음기호를 보고 한글 발음을 써 보세요.

① [iə] → (이어) ② [ɔi] → (어이)

③ [uə] → (우어)

C 맞는 발음기호를 보기에서 골라 써 보세요.

① beard → [b iə rd] ② boil → [b ɔi l]

③ fear → [f iə r] ④ cure → [kj uə r]

보기   [ɔi]   [iə]   [uə]

D 발음기호를 읽고 단어를 완성해 보세요.

① [hiər] → h ea r ② [sɔi] → s oy

③ [auər] → h ou r ④ [puər] → p oo r

가장 쉬운 발음기호 하루 한 장의 기적 41

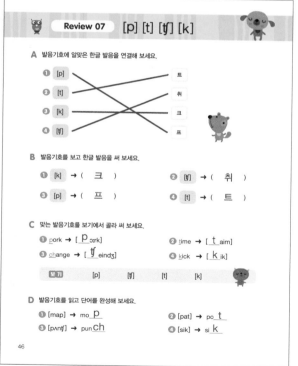

Review 07 [p] [t] [ʧ] [k]

A 발음기호에 알맞은 한글 발음을 연결해 보세요.

① [p]
② [t]
③ [k]
④ [ʧ]

트
취
크
프

B 발음기호를 보고 한글 발음을 써 보세요.

① [k] → (크) ② [ʧ] → (취)

③ [p] → (프) ④ [t] → (트)

C 맞는 발음기호를 보기에서 골라 써 보세요.

① pork → [p ɔrk] ② time → [t aim]

③ change → [ʧ eindʒ] ④ kick → [k ik]

보기   [p]   [ʧ]   [t]   [k]

D 발음기호를 읽고 단어를 완성해 보세요.

① [map] → mo p ② [pat] → po t

③ [pʌnʧ] → pun ch ④ [sik] → si k

46

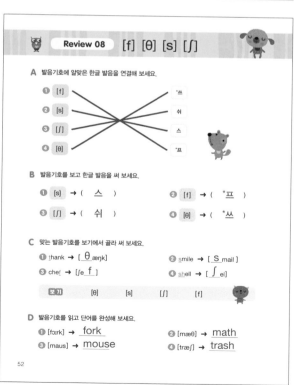

Review 08 [f] [θ] [s] [ʃ]

A 발음기호에 알맞은 한글 발음을 연결해 보세요.

① [f]
② [s]
③ [ʃ]
④ [θ]

*쓰
쉬
스
*프

B 발음기호를 보고 한글 발음을 써 보세요.

① [s] → (스) ② [f] → (*프)

③ [ʃ] → (쉬) ④ [θ] → (*쓰)

C 맞는 발음기호를 보기에서 골라 써 보세요.

① thank → [θ æŋk] ② smile → [s mail]

③ chef → [ʃe f] ④ shell → [ʃ el]

보기   [θ]   [s]   [ʃ]   [f]

D 발음기호를 읽고 단어를 완성해 보세요.

① [fɔrk] → fork ② [mæθ] → math

③ [maus] → mouse ④ [træʃ] → trash

52

가장 쉬운 영어 발음기호 하루 한 장의 기적 135

Review 정답

A 발음기호에 알맞은 한글 발음을 연결해 보세요.

1. [dʒ] — 드
2. [g] — 그
3. [d] — 쥐
4. [b] — 브

B 발음기호를 보고 한글 발음을 써 보세요.

1. [g] → (그)
2. [b] → (브)
3. [d] → (드)
4. [dʒ] → (쥐)

C 맞는 발음기호를 보기에서 골라 써 보세요.

1. jump → [dʒ ʌmp]
2. green → [g ri:n]
3. bean → [b i:n]
4. desk → [d esk]

보기   [dʒ]   [g]   [d]   [b]

D 발음기호를 읽고 단어를 완성해 보세요.

1. [bæt] → book
2. [dais] → dice
3. [edʒ] → edge
4. [gərl] → girl

58

A 발음기호에 알맞은 한글 발음을 연결해 보세요.

1. [ð] — 브
2. [z] — 드
3. [ʒ] — 즈
4. [v] — 쥐

B 발음기호를 보고 한글 발음을 써 보세요.

1. [ʒ] → (쥐)
2. [v] → (*브)
3. [z] → (즈)
4. [ð] → (*드)

C 맞는 발음기호를 보기에서 골라 써 보세요.

1. vote → [v out]
2. smooth → [su: ð]
3. zone → [z oun]
4. beige → [bei ʒ]

보기   [v]   [ð]   [z]   [ʒ]

D 발음기호를 읽고 단어를 완성해 보세요.

1. [riðm] → rhythm
2. [zip] → zip
3. [li:ʒər] → leisure
4. [sərv] → serve

64

A 발음기호에 알맞은 한글 발음을 연결해 보세요.

1. [m] — 느/은
2. [n] — 응
3. [ŋ] — 므/음
4. [h] — 흐

B 발음기호를 보고 한글 발음을 써 보세요.

1. [ŋ] → (응)
2. [n] → (느/은)
3. [m] → (므/음)
4. [h] → (흐)

C 맞는 발음기호를 보기에서 골라 써 보세요.

1. ring → [ri ŋ]
2. hair → [h ear]
3. make → [m eik]
4. knight → [n ait]

보기   [ŋ]   [n]   [m]   [h]

D 발음기호를 읽고 단어를 완성해 보세요.

1. [taun] → town
2. [houl] → hole
3. [swim] → swim
4. [spriŋ] → spring

70

A 발음기호에 알맞은 한글 발음을 연결해 보세요.

1. [l] — 뤄
2. [r] — 워
3. [j] — 이
4. [w] — 르/을

B 발음기호를 보고 한글 발음을 써 보세요.

1. [j] → (이)
2. [l] → (르/을)
3. [w] → (워)
4. [r] → (뤄)

C 맞는 발음기호를 보기에서 골라 써 보세요.

1. rich → [r itʃ]
2. yam → [j æm]
3. laugh → [l æf]
4. witch → [w itʃ]

보기   [l]   [r]   [w]   [j]

D 발음기호를 읽고 단어를 완성해 보세요.

1. [lʌv] → love
2. [wərk] → work
3. [greid] → grade
4. [jiər] → year

76

UNIT 45 - 48 정답

UNIT 45

C 단어와 발음기호를 연결한 다음 단어를 써 보세요.

1 little
2 genre
3 advance
4 brochure

[ʒɑ́ːnrə] genre
[brouʃúər] brochure
[lítl] little
[ædvǽns] advance

D 발음기호를 읽고 알맞은 단어를 보기에서 골라 써보세요.

1 [pǽθwei] pathway
2 [dévl] devil
3 [ʃúgə(r)] sugar
4 [jóugə] yoga

보기 yoga devil pathway sugar

E 단어를 듣고 알맞은 발음기호에 번호를 쓰고 단어를 써보세요. MP3 82

2 [dévl] devil
4 [brouʃúər] brochure
5 [ʒɑ́ːnrə] genre
8 [lítl] little
3 [ædvǽns] advance
6 [ʃúgə(r)] sugar
7 [jóugə] yoga
1 [pǽθwei] pathway

가장 쉬운 발음기호 하루 한 장의 기적 81

UNIT 46

C 단어와 발음기호를 연결한 다음 단어를 써 보세요.

1 dolphin
2 gossip
3 surprise
4 airplane

[sərpráiz] surprise
[ɛ́ərplèin] airplane
[gásəp] gossip
[dɑ́lfin] dolphin

D 발음기호를 읽고 알맞은 단어를 보기에서 골라 써보세요.

1 [mǽgnit] magnet
2 [zígzæg] zigzag
3 [pénsəl] pencil
4 [brʌðər] brother

보기 brother zigzag magnet pencil

E 단어를 듣고 알맞은 발음기호에 번호를 쓰고 단어를 써보세요. MP3 48

8 [gásəp] gossip
5 [dɑ́lfin] dolphin
7 [sərpráiz] surprise
1 [pénsəl] pencil
2 [brʌðər] brother
3 [mǽgnit] magnet
6 [zígzæg] zigzag
4 [ɛ́ərplèin] airplane

가장 쉬운 발음기호 하루 한 장의 기적 83

UNIT 47

C 단어와 발음기호를 연결한 다음 단어를 써 보세요.

1 cabbage
2 meerkat
3 doughnut
4 zombie

[zámbi] zombie
[dóunət] doughnut
[míərkæt] meerkat
[kǽbidʒ] cabbage

D 발음기호를 읽고 알맞은 단어를 보기에서 골라 써보세요.

1 [tíːʧər] teacher
2 [ǽŋgər] anger
3 [gráundhɔ̀g] groundhog
4 [péŋgwin] penguin

보기 groundhog anger teacher penguin

E 단어를 듣고 알맞은 발음기호에 번호를 쓰고 단어를 써보세요. MP3 50

5 [zámbi] zombie
2 [kǽbidʒ] cabbage
1 [gráundhɔ̀g] groundhog
4 [ǽŋgər] anger
6 [míərkæt] meerkat
8 [péŋgwin] penguin
3 [dóunət] doughnut
7 [tíːʧər] teacher

가장 쉬운 발음기호 하루 한 장의 기적 85

UNIT 48

C 단어와 발음기호를 연결한 다음 단어를 써 보세요.

1 candle
2 earing
3 thousand
4 person

[íərin] earing
[pə́ːrsn] person
[kǽndl] candle
[θáuzənd] thousand

D 발음기호를 읽고 알맞은 단어를 보기에서 골라 써보세요.

1 [ǽnsər] answer
2 [mínit] minute
3 [tiərdrɑ̀p] teardrop
4 [hǽmər] hammer

보기 hammer teardrop minute answer

E 단어를 듣고 알맞은 발음기호에 번호를 쓰고 단어를 써보세요. MP3 52

4 [ǽnsər] answer
8 [mínit] minute
2 [kǽndl] candle
6 [pə́ːrsn] person
5 [íərin] earing
7 [tiərdrɑ̀p] teardrop
3 [hǽmər] hammer
1 [θáuzənd] thousand

가장 쉬운 발음기호 하루 한 장의 기적 87

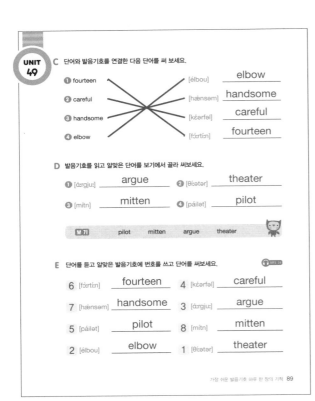

UNIT 49

C 단어와 발음기호를 연결한 다음 단어를 써 보세요.

1 fourteen　[élbou]　elbow
2 careful　[hǽnsəm]　handsome
3 handsome　[kέərfəl]　careful
4 elbow　[fɔ́ːrtíːn]　fourteen

D 발음기호를 읽고 알맞은 단어를 보기에서 골라 써보세요.

1 [ɑ́ːrgjuː]　argue　2 [θíːətər]　theater
3 [mítn]　mitten　4 [páilət]　pilot

보기　pilot　mitten　argue　theater

E 단어를 듣고 알맞은 발음기호에 번호를 쓰고 단어를 써보세요. MP3 54

6 [fɔ́ːrtíːn]　fourteen　4 [kέərfəl]　careful
7 [hǽnsəm]　handsome　3 [ɑ́ːrgjuː]　argue
5 [páilət]　pilot　8 [mítn]　mitten
2 [élbou]　elbow　1 [θíːətər]　theater

가장 쉬운 발음기호 하루 한 장의 기적 89

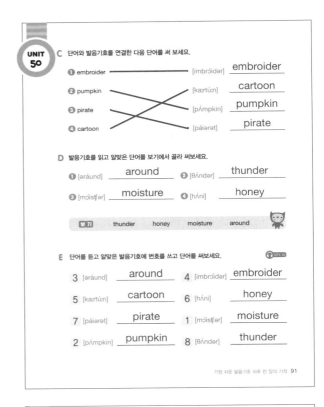

UNIT 50

C 단어와 발음기호를 연결한 다음 단어를 써 보세요.

1 embroider　[imbrɔ́idər]　embroider
2 pumpkin　[kɑːrtúːn]　cartoon
3 pirate　[pʌ́mpkin]　pumpkin
4 cartoon　[páiərət]　pirate

D 발음기호를 읽고 알맞은 단어를 보기에서 골라 써보세요.

1 [əráund]　around　2 [θʌ́ndər]　thunder
3 [mɔ́istʃər]　moisture　4 [hʌ́ni]　honey

보기　thunder　honey　moisture　around

E 단어를 듣고 알맞은 발음기호에 번호를 쓰고 단어를 써보세요. MP3 55

3 [əráund]　around　4 [imbrɔ́idər]　embroider
5 [kɑːrtúːn]　cartoon　6 [hʌ́ni]　honey
7 [páiərət]　pirate　1 [mɔ́istʃər]　moisture
2 [pʌ́mpkin]　pumpkin　8 [θʌ́ndər]　thunder

가장 쉬운 발음기호 하루 한 장의 기적 91

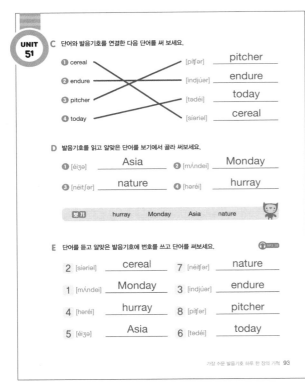

UNIT 51

C 단어와 발음기호를 연결한 다음 단어를 써 보세요.

1 cereal　[pítʃər]　pitcher
2 endure　[indjúər]　endure
3 pitcher　[tədéi]　today
4 today　[síəriəl]　cereal

D 발음기호를 읽고 알맞은 단어를 보기에서 골라 써보세요.

1 [éiʒə]　Asia　2 [mʌ́ndei]　Monday
3 [néitʃər]　nature　4 [həréi]　hurray

보기　hurray　Monday　Asia　nature

E 단어를 듣고 알맞은 발음기호에 번호를 쓰고 단어를 써보세요. MP3 58

2 [síəriəl]　cereal　7 [néitʃər]　nature
1 [mʌ́ndei]　Monday　3 [indjúər]　endure
4 [həréi]　hurray　8 [pítʃər]　pitcher
5 [éiʒə]　Asia　6 [tədéi]　today

가장 쉬운 발음기호 하루 한 장의 기적 93

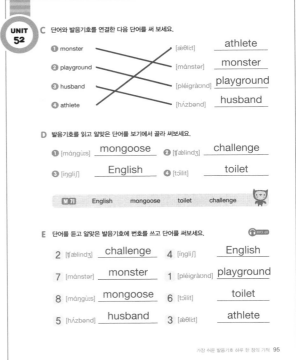

UNIT 52

C 단어와 발음기호를 연결한 다음 단어를 써 보세요.

1 monster　[ǽθliːt]　athlete
2 playground　[mɑ́nstər]　monster
3 husband　[pléigràund]　playground
4 athlete　[hʌ́zbənd]　husband

D 발음기호를 읽고 알맞은 단어를 보기에서 골라 써보세요.

1 [mɑ́ŋgùːs]　mongoose　2 [tʃǽlindʒ]　challenge
3 [íŋgliʃ]　English　4 [tɔ́ilit]　toilet

보기　English　mongoose　toilet　challenge

E 단어를 듣고 알맞은 발음기호에 번호를 쓰고 단어를 써보세요. MP3 60

2 [tʃǽlindʒ]　challenge　4 [íŋgliʃ]　English
7 [mɑ́nstər]　monster　1 [pléigràund]　playground
8 [mɑ́ŋgùːs]　mongoose　6 [tɔ́ilit]　toilet
5 [hʌ́zbənd]　husband　3 [ǽθliːt]　athlete

가장 쉬운 발음기호 하루 한 장의 기적 95

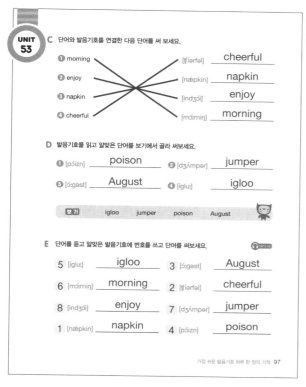

UNIT 53

C 단어와 발음기호를 연결한 다음 단어를 써 보세요.

① morning — [tʃíərfəl] __cheerful__
② enjoy — [nǽpkin] __napkin__
③ napkin — [indʒɔ́i] __enjoy__
④ cheerful — [mɔ́ːrniŋ] __morning__

D 발음기호를 읽고 알맞은 단어를 보기에서 골라 써보세요.

① [pɔ́izn] __poison__   ② [dʒʌ́mpər] __jumper__
③ [ɔ́ːgəst] __August__   ④ [íglu:] __igloo__

보기   igloo   jumper   poison   August

E 단어를 듣고 알맞은 발음기호에 번호를 쓰고 단어를 써보세요.   MP3 63

5 [íglu:] __igloo__   3 [ɔ́ːgəst] __August__
6 [mɔ́ːrniŋ] __morning__   2 [tʃíərfəl] __cheerful__
8 [indʒɔ́i] __enjoy__   7 [dʒʌ́mpər] __jumper__
1 [nǽpkin] __napkin__   4 [pɔ́izn] __poison__

가장 쉬운 발음기호 하루 한 장의 기적 97

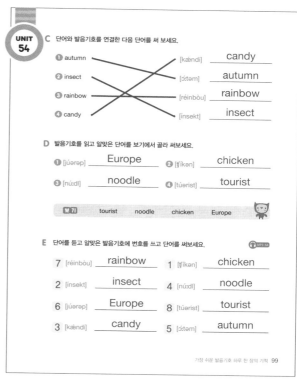

UNIT 54

C 단어와 발음기호를 연결한 다음 단어를 써 보세요.

① autumn — [kǽndi] __candy__
② insect — [ɔ́ːtəm] __autumn__
③ rainbow — [réinbòu] __rainbow__
④ candy — [ínsekt] __insect__

D 발음기호를 읽고 알맞은 단어를 보기에서 골라 써보세요.

① [júərəp] __Europe__   ② [tʃíkən] __chicken__
③ [núːdl] __noodle__   ④ [túərist] __tourist__

보기   tourist   noodle   chicken   Europe

E 단어를 듣고 알맞은 발음기호에 번호를 쓰고 단어를 써보세요.   MP3 64

7 [réinbòu] __rainbow__   1 [tʃíkən] __chicken__
2 [ínsekt] __insect__   4 [núːdl] __noodle__
6 [júərəp] __Europe__   8 [túərist] __tourist__
3 [kǽndi] __candy__   5 [ɔ́ːtəm] __autumn__

가장 쉬운 발음기호 하루 한 장의 기적 99

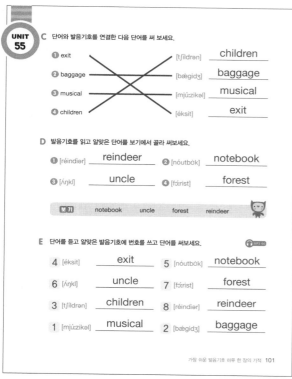

UNIT 55

C 단어와 발음기호를 연결한 다음 단어를 써 보세요.

① exit — [tʃíldrən] __children__
② baggage — [bǽgidʒ] __baggage__
③ musical — [mjúːzikəl] __musical__
④ children — [éksit] __exit__

D 발음기호를 읽고 알맞은 단어를 보기에서 골라 써보세요.

① [réindiər] __reindeer__   ② [nóutbòk] __notebook__
③ [ʌ́ŋkl] __uncle__   ④ [fɔ́ːrist] __forest__

보기   notebook   uncle   forest   reindeer

E 단어를 듣고 알맞은 발음기호에 번호를 쓰고 단어를 써보세요.   MP3 66

4 [éksit] __exit__   5 [nóutbòk] __notebook__
6 [ʌ́ŋkl] __uncle__   7 [fɔ́ːrist] __forest__
3 [tʃíldrən] __children__   8 [réindiər] __reindeer__
1 [mjúːzikəl] __musical__   2 [bǽgidʒ] __baggage__

가장 쉬운 발음기호 하루 한 장의 기적 101

UNIT 56

C 단어와 발음기호를 연결한 다음 단어를 써 보세요.

① season — [inváit] __invite__
② invite — [síːzn] __season__
③ robot — [ʌ́ndər] __under__
④ under — [róubət] __robot__

D 발음기호를 읽고 알맞은 단어를 보기에서 골라 써보세요.

① [sə́ːrkəs] __circus__   ② [bəlúːn] __balloon__
③ [óutmìl] __oatmeal__   ④ [fɑ́ːrmər] __farmer__

보기   balloon   farmer   oatmeal   circus

E 단어를 듣고 알맞은 발음기호에 번호를 쓰고 단어를 써보세요.   MP3 68

5 [fɑ́ːrmər] __farmer__   4 [sə́ːrkəs] __circus__
8 [inváit] __invite__   2 [óutmìl] __oatmeal__
6 [róubət] __robot__   7 [ʌ́ndər] __under__
3 [bəlúːn] __balloon__   1 [síːzn] __season__

가장 쉬운 발음기호 하루 한 장의 기적 103

UNIT 57 - 64 정답

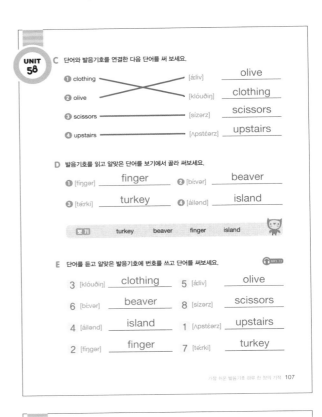

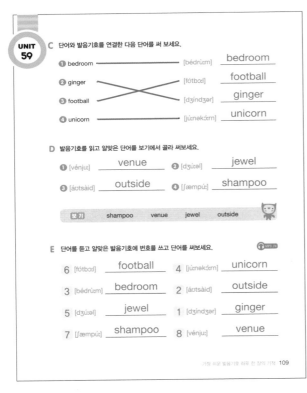

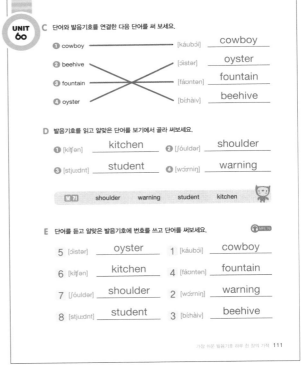

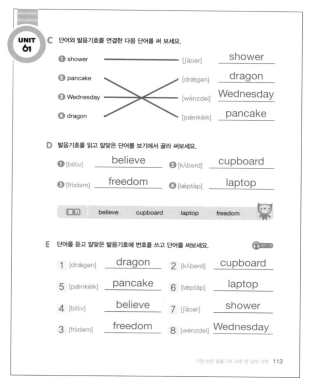

UNIT 61

C 단어와 발음기호를 연결한 다음 단어를 써 보세요.

1 shower ——— [ʃáuər] — shower
2 pancake —— [drǽgən] — dragon
3 Wednesday —— [wénzdei] — Wednesday
4 dragon —— [pǽnkèik] — pancake

D 발음기호를 읽고 알맞은 단어를 보기에서 골라 써보세요.

1 [bilíːv] believe   2 [kʌ́bərd] cupboard
3 [fríːdəm] freedom   4 [lǽptàp] laptop

보기   believe   cupboard   laptop   freedom

E 단어를 듣고 알맞은 발음기호에 번호를 쓰고 단어를 써보세요.

1 [drǽgən] dragon   2 [kʌ́bərd] cupboard
5 [pǽnkèik] pancake   6 [lǽptàp] laptop
4 [bilíːv] believe   7 [ʃáuər] shower
3 [fríːdəm] freedom   8 [wénzdei] Wednesday

가장 쉬운 발음기호 하루 한 장의 기적 **113**

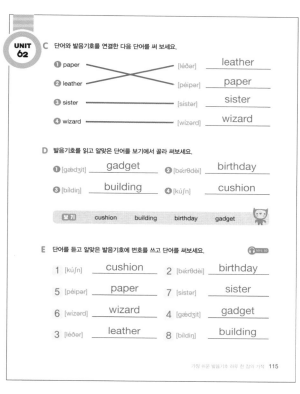

UNIT 62

C 단어와 발음기호를 연결한 다음 단어를 써 보세요.

1 paper —— [léðər] — leather
2 leather —— [péipər] — paper
3 sister ——— [sístər] — sister
4 wizard ——— [wízərd] — wizard

D 발음기호를 읽고 알맞은 단어를 보기에서 골라 써보세요.

1 [gǽdʒit] gadget   2 [bə́ːrθdèi] birthday
3 [bíldiŋ] building   4 [kúʃn] cushion

보기   cushion   building   birthday   gadget

E 단어를 듣고 알맞은 발음기호에 번호를 쓰고 단어를 써보세요.

1 [kúʃn] cushion   2 [bə́ːrθdèi] birthday
5 [péipər] paper   7 [sístər] sister
6 [wízərd] wizard   4 [gǽdʒit] gadget
3 [léðər] leather   8 [bíldiŋ] building

가장 쉬운 발음기호 하루 한 장의 기적 **115**

UNIT 63

C 단어와 발음기호를 연결한 다음 단어를 써 보세요.

1 sixteen —— [dáŋki] — donkey
2 body —— [bádi] — body
3 lemon —— [lémən] — lemon
4 donkey —— [sikstíːn] — sixteen

D 발음기호를 읽고 알맞은 단어를 보기에서 골라 써보세요.

1 [gáːrdn] garden   2 [wúmən] woman
3 [péərənt] parent   4 [déindʒər] danger

보기   danger   parent   garden   woman

E 단어를 듣고 알맞은 발음기호에 번호를 쓰고 단어를 써보세요.

4 [péərənt] parent   5 [sikstíːn] sixteen
7 [wúmən] woman   2 [gáːrdn] garden
3 [bádi] body   8 [dáŋki] donkey
6 [lémən] lemon   1 [déindʒər] danger

가장 쉬운 발음기호 하루 한 장의 기적 **117**

UNIT 64

C 단어와 발음기호를 연결한 다음 단어를 써 보세요.

1 breakfast —— [brékfəst] — breakfast
2 yellow —— [wíndou] — window
3 window —— [jélou] — yellow
4 pasta —— [pɑ́ːstə] — pasta

D 발음기호를 읽고 알맞은 단어를 보기에서 골라 써보세요.

1 [sʌ́bwèi] subway   2 [dɔ́ːtər] daughter
3 [gáːrlik] garlic   4 [láithaùs] lighthouse

보기   garlic   lighthouse   daughter   subway

E 단어를 듣고 알맞은 발음기호에 번호를 쓰고 단어를 써보세요.

3 [brékfəst] breakfast   8 [dɔ́ːtər] daughter
4 [pɑ́ːstə] pasta   2 [láithaùs] lighthouse
1 [gáːrlik] garlic   6 [wíndou] window
8 [jélou] yellow   7 [sʌ́bwèi] subway

가장 쉬운 발음기호 하루 한 장의 기적 **119**

가장 쉬운 영어 발음기호 하루 한 장의 기적 **141**

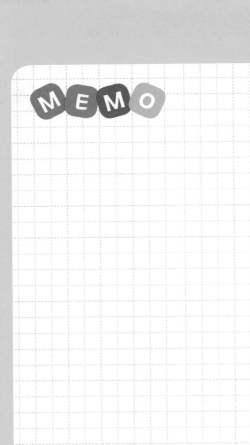

MEMO